U0153628

# 大家受啟發的 大家身影

**走**過，必留下足跡；畢生行旅，彩繪了閱歷，也孕育了思想！人類文明因之受到滋潤，甚至改變，永遠持續！

**將**其形諸圖文，不只啓人尋思，也便尋根與探究。

**昨**日的行誼，即是今日的史料；不只是傳記，更多的是思想的顯影。一生浮萍，終將漂逝，讓他走向永恆的時間和無限的空間；**超越古今，跨躍國度**，「**五南**」**願意**！

**思**想家、哲學家、藝文家、科學家，只要是能啓發大家的「**大家**」，都不會缺席。

至於以「武」、以「謀」、以「體」，叱吒寰宇、攪動世界的風雲人物，則不在此系列出現。

大家受啓發的

大家身影系列 010

# 瞧，這個人！

## 尼采自傳

Ecce homo:
Wie man wird,
was man ist

尼采（Friedrich Wilhelm Nietzsche）——著
萬壹遵——譯

# 前言

## 壹

我已經預料到，自己遲早必須要把史上最困難的任務帶給人類，所以我覺得不能再不告訴大家我是誰了。其實大家肯定都知道我是誰：因爲我沒有不讓人替我做「見證」。但是，我的偉大使命與同時代人的渺小之間不成正比，所以才會不曾有人聽我說話，也沒有人看過我一眼。我靠自己的口碑活著，又或許大家只是先入爲主地認爲我活著？……

我只要隨便找個來到恩加丁[1]這裡避暑的「有識之士」攀談，就能確信自己其實並沒有活著……

在這種情況下，即便我本來有多麼不習慣這麼做，我的本能更因爲驕傲而排斥這麼做，我還是有義務要告訴大家：聽我說！因為我就是那一位。尤其是不要把我和其他人搞混了！

1 譯註：Oberengadin，瑞士恩加丁山谷，又分爲上恩加丁和下恩加下。

## 貳

比方說，我絕對不是專門用來嚇唬人的雕像，也不是什麼道德怪物——我甚至天生就和那些到目前為止都受人尊敬的道德人士不一樣。偷偷告訴大家，我覺得這正好是我驕傲的原因之一。我是大哲學家酒神狄奧尼修斯的門徒，如果可以選擇，我寧願成為羊男薩提爾，也不願當個聖人。但是大家還是先讀一下這本著作吧。也許我能用輕鬆愉快的口吻和適合人類的方式，成功地把我的反骨表達出來。也許這就是這本著作的意義所在。我最終的承諾，就是要「改善」人類。我並不想立新偶像；那些舊偶像也該學學，泥巴捏出來雙腿到底有什麼意義。推翻偶像（這是我對「理想」的稱呼）——其實一直都是我在做的事。當大家在捏造理想世界的時候，同時也讓現實世界失去了價值、意義、眞實性……

「眞實的世界」與「虛假的世界」——講白了就是：捏造的世界與現實的世界……用理想打造出來的謊言一直都是對現實世界的詛咒，因著這些謊言，人類自己從裡到外、包括最深層的本能，都變得虛僞了——最後甚至崇拜起顚倒的價值觀，他們的繁榮與未來、以及他們得以擁有未來的崇高權利，都因此失去了保障。

## 參

——懂得吸取我這些著作氣息的人，就會知道它們的氣息來自高地的空氣，是一股強勁的氣息。如果體質不夠合適，可能會有不少傷風受寒的危險。寒冰近在咫尺，孤獨感甚是強烈——但是在這裡，一切都安祥地沐浴在陽光之中！這裡的空氣多麼自由！可以把多少事情踩在腳下！——如同我到目前爲止的體會，所謂的哲學，便是自願活在這片寒冷與高山之中——找出一切出現在存有之中的陌生事物與可疑事物、找出一切到目前爲止都被道德革除在外的事物。長久以來在禁居中漫遊的經驗告訴我，要用與眾不同的角度去看待迄今各種道德化與理想化的原因：如此一來，我便能發現哲學家隱藏的故事、他們鼎鼎大名背後的心理學。——一個有才的人可以忍受眞理到什麼程度、敢觸碰眞理到什麼程度，這愈來愈是我衡量價值的標準。錯誤（——也就是對於理想的信仰——）並不是盲目，錯誤是懦弱……

知識的每個成就、每個向前邁進的步伐，都來自與自己對抗的勇氣與堅定、來自與自己過不去的潔癖……

我並沒有否定理想，我只是想在觸碰它之前，先戴上手套……

我們都喜歡禁斷之事：這就是爲什麼我的哲學會贏，因爲一直以來，大家禁止的其實都是眞理。——

## 肆

——我的著作裡面，以《查拉圖斯特拉》最具有代表性。這本書是我送給人類的一份大禮，遠勝過他們迄今爲止收過的所有禮物。這本書將會流傳千古，因爲它不僅是有史以來最上乘的一本書，一本眞正散發著高山氣息的書——遠遠地高過人間的一切——，它也是有史以來最深層的一本書，源自於隱藏在眞理最深處的寶藏。它是一座取之不盡、用之不竭的泉源，把水桶放下去，沒有一次不是滿載而歸的。在這裡講話的人不是「先知」，也不是那些混合著可怕疾病與權力意志的所謂宗師。大家要仔細聽他口中說出來的語調，那般心如止水的語調，才不會可憐兮兮地誤解了他的智慧。「寧靜至極的話語反而能颳起風暴，悄然到來的思想才能掌控這個世界——」

> 果熟蒂落的無花果，又好又甜：果子落了，紅色的果皮也就裂了。我就是那陣催熟無花果的北風。
>
> 所以，我的朋友，這份教導就像無花果一樣落在你們手中：喝它的汁，吃它的肉！秋天的跡象已隨處可見，還有明亮的天空與午後——

在這裡講話的人並不是狂熱分子，這裡也沒有人在「講道」，沒有要求大家要相信：這些話，一點一滴、一字一句，都是從極樂和萬丈光芒之中流瀉出來的——這些話的節奏溫柔和緩，只有受選之人才聽得見；能在這裡聽見這些教導，乃是一種無與倫比的特權；沒有人可以隨意選擇自己要不要聽查拉圖斯特拉說話……

所以查拉圖斯特拉不就是在蠱惑人心嗎？……

但他第一次回去閉關的時候是怎麼說的？他說的話，完全不同於那些「智者」、「聖人」、「救世主」、或是其他頹廢派人士……

他不只說得不同，他的本質也有所不同……

我的門徒啊！我自己先走了。你們也自行離開吧！這才是我想要的。

離開我！抗拒查拉圖斯特拉吧！或是說：你們要以他為恥！搞不好他欺騙了你們大家。

有智慧的人不只要愛他的敵人，也要能恨他的朋友。

如果你們永遠都是學生，怎麼回報你們的師父。你們為什麼不來摘下我頭上的冠冕呢？

你們尊榮我：但如果哪一天，你們的尊榮變了卦，又該怎麼辦呢？你們要小心，不要被自己尊榮的雕像砸死了。

你們說，你們信的是查拉圖斯特拉？但這關查拉圖斯特拉什麼事！你們是我的信徒，但這又關全體信徒什麼事！

你們還沒有找尋過自己：就已經先找到我了。所有信徒都是這樣；所以每個人信得才這麼有限。

我這就命令你們，棄絕我，去找到你們自己；只有當你們所有人都不認我的時候，我才願意回到你們身邊……

尼采

# 目次

在這個圓滿的日子，不只葡萄成熟了，一切也都成熟了。一道陽光落進了我的生命：我向前看、我向後看，從來不曾見過這麼多、這麼好的事物在同時間一起出現。所以我並沒有白白葬送了我的第四十四個年華，我有資格葬送它，——這一年的生命得到救贖，化爲不朽。重新評價所有的評價、酒神的讚歌、以及用來調劑身心的諸神的黃昏——全都是這一年饋贈的禮物，而且全都來自這一年的最後一季！我怎麼會不感激我的一生呢？我這就來給自己說說我的生命故事。

# 爲什麼我這麼有智慧

# 壹

我的存在之所以幸運，也許還獨一無二，原因就在於它的不幸：我，如果要說得玄虛一點，身爲爸爸的我已經死了，但是身爲媽媽的我依然活著，而且還上了年紀。這種雙重起源，彷彿生命之梯的上下兩端，既是頹敗，也是開始——如果說這有什麼意義的話，就在於它能解釋爲什麼我總是可以維持中立和自由的立場，去看待與生命相關的種種問題。這也許是我的優點。對於開始與頹廢的跡象，我比任何人都要敏銳，在這方面，我是最好的導師，——我通曉兩者，我是首先的，也是末後的。——我父親三十六歲的時候就死了：他是個溫柔、可愛、體弱多病的人，人生註定只會匆匆走過一遭，——他的生命不像生命，反而像是生命的美好記憶。在我父親死去的那個歲數，我的生命也開始走下坡：我三十六歲那年，我的生命力來到了最低點，——雖然我還活著，但是我的視力看不見三步以外的東西。那個時候——一八七九年——我放棄了巴塞爾[1]大學的教授職位，整個夏天都像鬼影一樣在聖莫利茲[2]度過，接下來的那個冬天，則是在瑙姆堡[3]當個徹底的鬼影。那是我生

1 譯註：Basel，瑞士城市，尼采在巴塞爾大學任教十年。
2 譯註：St. Moritz，瑞士恩加丁山谷裡的小鎮，知名渡假聖地。
3 譯註：Naumburg，德國中部城市，尼采父親過世後，舉家遷移至此。

命中最少陽光的一個冬天。《漫遊者與他的影子》就是在那段日子寫的：這已經是我當時的極限了。不可置否，那個時候的我很了解影子是什麼……

再下一個冬天，也就是我在熱那亞[4]的第一個冬天，在極端缺乏血液與肌肉的情況下，精神超脫肉體的甜蜜感終於帶出了《晨曦》。這部作品完美呈現了光明與愉悅、甚至精力充沛，它不僅呼應我在生理方面的孱弱，更呼應了我的過度疼痛。連續三日，不間斷的頭痛，加上難搞的嘔吐，——在痛苦的煎熬中，我擁有了完美的辯證能力。身體狀態比較好的時候，我的心智不夠矯健、不夠黠慧、不夠冷血，有些事情總是想不透；現在病成這樣，我終於能夠冷靜地把事情想個透徹。我的讀者們也許知道，我多麼把辯證法看作是頹廢的病徵，例如：那個最有名的例子：蘇格拉底。——各種智力失常的症狀，包括高燒引發的譫妄，對我來說都是非常陌生的事情，必須去查找資料才能知道是怎麼一回事，也才知道這種事有多麼常見。我的血液流得很慢，從來沒有人能察覺我在發燒。有位醫生把我當成神經病患治療了一段時間，最後他說：「不對！問題不是出在您的神經，而是我太神經緊張了。」說是某處的局部退化，但卻完全找不到科學證據；就算胃痛得多麼厲害，也找不到器官方面的問題，就當作是身心俱疲的結果，或說是腸胃系統過度虛弱。就連我的眼疾，雖然

4 譯註：Genua，義大利北部城市。

不時都有幾近失明的危險，但也只是知其然而不知其所以然：所以，隨著我的生命力一次又一次的增強，我的視力也開始慢慢恢復。——年復一年，長年下來，我勢必會康復，——可惜時間一久，我也勢必會復發，體力會衰退，這是一種週期性的頹廢。在經歷了這一切之後，我還用說自己是頹廢問題的專家嗎？頹廢這個單字的拼法，我都能倒背如流了。提綱挈領的精緻藝術、剖析入理的精細操作、「拐個彎看事情」的心理學知識、以及其他專長，這些都是我在那個時候才學會的，也是那段時光留給我的眞正的禮物。在那段時光裡，無論是我的觀察本身，還是用來觀察的器官，都變得敏銳了起來。從病人的眼光觀察那些比較健康的概念與價值，再從自得飽滿的豐碩生命窺探頹廢本能的祕密工作——這是我長久以來的練習，實實在在的經驗，如果要說我有什麼專長的話，那麼我就是這方面的大師。我現在擁有轉換觀點的能力，而且還得心應手：這是第一個理由，爲什麼也許只有我有可能「重新評價所有的評價」。——

## 貳

姑且不論我是不是個頹廢的人，我其實和頹廢派完全相反。如果要說有什麼證據的話，那就是我的直覺永遠會選擇正確的方法來面對糟糕的景況；而眞正的頹廢派永遠會選擇對自己不利的方法。整體而言，我是健康的；就特定的角度而言，我是頹廢的。我有毅力離開舒適圈，進入絕對的孤獨，也能強迫自己不再接受別人的照料、服務、醫療行為——這一切都顯示我的直覺絕對清楚我當時最需要的是什麼。我接管自己，讓自己康復：康復的條件就是，這個人到底還是健康的——每個生理學家都會承認我說的是對的——。一個本來就病懨懨的人不可能健康，更不可能讓自己康復；但是對於一個本來就健康的人來說，生病反而能刺激生命的能量，讓人活得更加充實。現在看來，那段生病的時光好像就是這樣：我彷彿重新發現了生命，一併也重新發現了自己。只要是好東西，就算再小、就算其他人都覺得食之無味，我還是能吃得津津有味，——我用健康的意志和生存的意志打造了我的哲學……

因爲，請大家注意：正好在我生命力最低落的那幾年，我停止再當個悲觀的人：自我恢復的本能禁止我再繼續從事貧乏喪志的哲學……

要怎麼看出一個人到底是不是個人才！一個有才的人，會讓我們的感官覺得很舒服：他有剛柔並濟的本質，而且還自帶芬芳。只有自己可以消化的，他才會覺得好吃；超過自己所能承受的程度，他就不再喜歡，也不會想再去做。他總是對症下藥，將危機化爲轉機；凡是殺不死他的，必使他強壯。他會蒐集自己的所見所聞、自己的經歷，然後集其大成：他有自己的一套挑選原則，懂得淘汰掉許多事物。無論與書、與人、還是與風景相處，他總是保持在自己的圈子裡：他懂得選擇、懂得允許，懂得信任，所以他懂得尊重。對於各種刺激，他總是慢慢回應，之所以如此，是他長久以來謹慎與恃才傲物的心理使然，——當刺激朝他接近的時候，他會仔細檢視，保持距離，不輕易迎面而上。他既不相信「不幸」，也不相信

「罪過」：他懂得放過自己，也懂得放過別人，他懂得怎麼忘記，——他夠強，所以無論發生什麼，都必定會爲他帶來最好的結果。——好吧，我和頹廢派就是南轅北轍：因爲我寫的就是我自己。

## 參

有這樣一個爸爸，我覺得是一種莫大的特權：他在阿爾滕堡[5]公爵那裡住了好幾年，最後幾年還當了傳道人，——聽過他講道的農夫都說，這肯定就是天使的模樣。——說到這個，我要來談談血統問題。我是純種的波蘭貴族，沒有混到一滴劣等的血統，更沒混到德國人的血。每當我的本能又極度犯賤地去尋找和自己完全相反的人，我總是找到我母親和我妹妹，——如果有人認爲我和這些壞蛋有血緣關係，便是在褻瀆我的神性。我母親和我妹妹對待我的方式，時至今日，還是會讓我心裡感到一股說不出的恐怖：那是一顆完美的定時炸彈，而且非常可以確定的是，它會在我最脆弱的時刻引爆——也就是在我進入最高境界的時候……

5 譯註：Altenburg，德國中部城市。

因爲在最高境界的時候，我沒有任何力氣抵抗那群毒蟲……生理方面的接觸造成了這種先定不和諧的局面……

但是我也承認，我打從心底認爲，我母親和我妹妹一直是我不想「永恆回歸」的最大理由。——但是，就算身爲波蘭人，我身上還是帶著可怕的返祖現象。如果想找到世界上最優秀的人種，而且不僅要和我形容的一樣純粹，還只憑本能反應做事，那麼可能必須回到好幾百年以前。我很反對現今所謂的大家風範，那種自命不凡的優越感，——我也不會承認年輕的德意志皇帝有榮幸擔任我的車伕。只有那麼一次，我承認世界上有人可以與我匹配——而且我是抱著十分感激的心情這麼認爲的。科西瑪•華格納女士[6]就是一個本性非常出眾的人；至於理查•華格納[7]，爲了話不要只說一半，我只能說，他曾經是與我淵源最深的男人……

其餘就沒什麼好說的了……

當今關於親屬關係的顯學，全都是生理學上的謬論，所以也不需要去計較。教宗到現在都還在販賣這種謬論。人和自己的雙親是最不親的：要是親近自己的父母，恐怕會是極端的

6 譯註：Cosima Wagner（一八三七—一九三〇），理查•華格納之妻。
7 譯註：Richard Wagner（一八一三—一八八三），德意志作曲家。

下流跡象。上乘的天性全都發源自亙古以前，爲了達到那種境界，必須長年累月地蒐集、節儉、積累。大人物們都是古人：我也不明白爲什麼，但是凱撒大帝可能會是我的父親——或是亞歷山大大帝，那位活生生的酒神狄奧尼修斯……

在我寫下這段話的時候，郵差送來了一顆狄奧尼修斯的頭……

## 肆

即使我覺得好像很值得一試，我還是不懂要怎麼討厭自己——這件事也得歸功給我獨一無二的父親——。不管有多麼不符合基督教精神，我還是不曾討厭過自己。大家可以去翻閱我的人生經歷，除了那一件事，找不到有人討厭我的跡象，——搞不好還會找到太多別人對我的好意……

別人搞不定的對象，和我相處起來，從來都不會有問題；我能馴服大熊，還能把專門搞笑的小人變成正人君子。我在巴塞爾[8]高級中學教希臘文的那七年，從來沒有需要處罰學生的情況；在我的班上，連最懶惰的學生也會用功讀書。我總是有辦法處理突發狀況；不用做任何準備，就可以安然自處。別人眼中不好使的樂器，聲稱走音程度已經到達「人」這款

---

8 譯註：Basel，瑞士城市。

樂器的極限——假如我沒辦法把這樂器的聲音調回到可以聽的程度，那我肯定是病了。我不知道聽過多少次「樂器」親口對我說，他們從來沒有聽過自己發出這樣的聲音……

最感動的一次，大概是那位過於英年早逝的海因里希・馮・史坦[9]說的。有一次，他小心翼翼地請求某人的許可，來錫爾斯瑪利亞[10]這裡住了三天，逢人便解釋自己不是為了恩加丁來的。這位優秀的男人，渾身都散發著普魯士容克貴族[11]的率性樸質，所以才會陷在華格納的泥沼之中（——而且還陷在都林[12]的泥沼裡面！），在這裡吹了三天自由的強風之後，簡直就像換了一個人，就像一個人突然被提到屬於自己的高度，然後就長出了翅膀開始翱翔。我一直對他說，這是山上空氣好的緣故，所以每個人都是這樣的，畢竟這裡比拜魯特[13]高了六千英呎海拔，——但他就是不信……

如果還是有人對我做了大大小小的壞事，原因也不會是「有意的」，更不會是惡意：我反而要抱怨——我剛才也暗示過了——他們的好意對我的生命造成了不小的麻煩。我的經

---

9 譯註：Heinrich von Stein（一八五七－一八八七），德意志哲學家，曾擔任華格納兒子的家庭教師。
10 譯註：Sils-Maria，瑞士恩加丁山谷小鎮錫爾斯的其中一區。
11 譯註：容克（Junker），易北河以東擁有騎士庄園的地主。
12 譯註：Eugen Dühring（一八三三－一九二一），德意志哲學家，被視為是納粹種族主義的濫觴。
13 譯註：Bayreuth，德國巴伐利亞城市，華格納晚年在此定居，並在此打造自己歌劇專用的表演場地。

驗允許我用不信任的態度看待所謂「無私的」慾望、以及種種樂於給予建議與行動的「博愛」。我把博愛本身視爲一種軟弱，是一種對於刺激沒有抵抗能力的具體呈現，——只有頹廢派才會把同情心稱之爲美德。我譴責那些有同情心的人，他們的羞恥心、敬畏心、對於距離的拿捏，很容易就消失不見，他們的同情心能在瞬間散發出愚民的味道，讓人分不清是到底是同情還是惡行，——偉大的命運、閉關療傷的需求、背負罪孽的特權，都有可能因爲同情的干涉而遭受破壞。所以我認爲戰勝同理心是高尚的美德之一：我爲「查拉圖斯特拉受試探」寫了一則故事，故事裡有人向他大聲呼救，而同情心就像終極之罪一樣不斷侵擾著他，要讓他背棄自己。在這種情況下，他還是可以安然自處，不採取所謂無私的行動，不短視近利，不讓自己崇高的使命受到低賤的內在驅力影響。這是身爲查拉圖斯特拉必須通過的試煉，也許是他最終試煉——也讓他的力量得到了實在的證明……

## 伍

在另一件事上，我也仍然是我的父親，彷彿延續著他過於早逝的生命。我沒有和可以與自己並駕齊驅的人生活過，不接受「回報」的概念，也不接受「平權」的概念，別人對我幹了大大小小的蠢事，我都禁止自己採取任何反制與保護措施——不論有多麼合理，我也不會做任何抵抗和「辯解」。我的回報方式是把一句有智慧的話語送給這件蠢事，而且愈快愈好：也許他們還聽得進去。打個比方：我把一鍋果凍送出去，用來擺脫一則發酸的故事……只要有人對我做了什麼事，我都會給予「回報」，一定會：我遲早會找到機會，向這位「做了壞事的人」表達我的感謝（偶爾也會謝謝他的所做所爲）——或是向他求個什麼，這可能會比給予他什麼更來得有效……

我也覺得，即使說了最不堪入耳的粗話、寫了最不堪入目的粗信，都比沉默還要善良、正直。沉默的人，心中大多都缺乏禮貌和教養；沉默是一種藉口。把話吞下去，一定會讓人個性變得很差，——甚至還很傷胃。沉默的人全都有消化不良的問題。——大家看，我並不樂見大家鄙視粗野的行爲，因爲它是一種最人性的反駁，在現代嬌生慣養的風氣當中，粗野是我們數一數二的美德。——如果夠粗野，那麼做錯事也是一種幸福。如果有神來到這個世界上，祂可能只會行不義的事，——神性也許不在於承擔責罰，而在於承擔罪孽。

## 陸

擺脫怨恨、了解怨恨——誰曉得，就連這件事情，我都得好好感謝我的久病不癒！這個問題並沒有那麼簡單：有力氣的時候必須好好體會，虛弱的時候也必須好好體會。如果一定要找個什麼來反對生病與虛弱，那就是，生病的時候，眞正的自癒本能、也就是防衛和武裝的本能會變得疲弱不堪。不懂得擺脫，不懂得了結，不懂得反擊，——於是什麼都可以造成傷害。人、事、物全都逼得太緊，過去的經歷也打擊得太深，讓回憶變成一道化膿的傷口。生病本身即是一種怨恨。——病人想把它治好，只能採取一種偉大的治療方式——我稱之爲俄式宿命論，不做任何反抗的宿命論。如果戰事變得過於艱困，俄羅斯的士兵會躺在雪裡。不再接受任何東西，不再拿取任何東西，也不再吞嚥任何東西，——完全不再有任何反應……

這種宿命論的大道理不全然是求死的勇氣，而是爲了在最有生命危險的情況下維持生命，所以降低新陳代謝，讓新陳代謝緩慢下來，這是一種冬眠的意志。按照這個邏輯延伸出去，大家會發現整個星期都睡在墳墓裡的法基爾修士（Fakir）也是如此……

每當人們有所反應，就會讓自己消耗得太快，所以完全不要有任何反應：這就是俄式宿命論的邏輯。不會有什麼比怨恨的情緒更快讓人消耗殆盡了。生氣、太容易受傷、無力報仇、報仇的慾望、報仇的渴望、各種毒害他人的想法——對於精疲力竭的人來說，這些肯定都是最負面的反應方式：可能會造成神經快速損耗，或是引發內分泌失調，造成身體受損，例如：膽汁逆流。對病人來說，怨恨才是真正該被禁止的事情——這是他的心魔：可惜這也是他最自然的傾向。——身爲道行高深的生理學家，佛祖就很懂得這個道理。爲了不把佛祖的「宗教」跟基督教那種可憐的東西混爲一談，也許我們把佛教稱爲養生保健會比較妥當。它的效力在於戰勝怨恨：讓靈魂擺脫怨恨——這是康復的第一步。「非以怨止怨，唯以忍止怨」[14]：這是佛祖教導人的頭幾句話——說的不是道德，而是生理學。——怨恨來自於軟弱，而且對弱者自己的傷害更大，——另一種情況：如果體質天賦異賦，那麼怨恨就是一種多餘的感覺，要是可以自由支配這種感覺，幾乎就已經證明一個人擁有豐盛的生命。我的哲學要對抗的就是復仇和忿恨不平的感覺，而且一路鬥進「自由意志」的學說——與基督教的對抗只是其中一個例子——如果有人知道我有多認眞，他就會明白爲什麼我要在這裡把我的個人行爲公諸於世，讓大家知道我在實踐的時候靠的是本能的肯定。在頹廢的時候，我禁止自己有怨恨的感覺，因爲會很傷身；一旦生命恢復足夠的豐盛和驕傲，我同樣也會禁止自己有怨恨的感覺，因爲與我不配。我剛才有提到「俄式宿命論」，我長年處在幾乎無法忍受的情況、地方、住所、社會，既然偶然之中已成定局，我便要堅韌不拔，持守下來，這就是我的俄式宿命論，——比起去改變那些無法忍受的情況，這樣的宿命論反而比較好，也好過感覺事情可以有所改變，——更好過挺身對抗這些事情……

如果有人來擾亂我的宿命論，強硬地把我叫醒，我的心情就會差得半死：——每次也都眞的對我造成致命的危險。——把自己當作命運使然，不要去想像「不一樣」的自己，接受

14 譯註：尼采引用的是《法句經》第一：雙品的句子，譯文引自《法句經》，悟醒譯，臺北：中華電子佛典協會（CBETA），二〇一八。

自己就是這樣——在無法忍受的狀態之中，這就是眞正的大道理。

## 柒

戰爭又是另一回事了。我很好戰，這是天性使然。攻擊是我的本能之一。有能力與他人爲敵、當別人的敵人——前提也許是要有強大的天性，無論如何，這是每個強大天性的條件之一。強大的天性需要阻力，所以它也會主動去尋找阻力：帶有攻擊性的激情必定屬於強者，就像復仇和忿恨不平的感覺必定屬於弱者。比方說，女人的報復心就很重：這是她們的弱小使然，就像她們也很容易因爲陌生的困難而變得激動。——從一個人所需要的對手，就可以測得出他的攻擊力有多強；他尋找的對手——或是問題——愈強，愈能顯露出他的成長：因爲一個好戰的哲學家也會主動對決各種問題。他的使命不在於戰勝各種阻力，値得他戰勝的阻力，必須要能讓他投入全部的力量、隨機應變的能力、以及使用武器的精湛技巧，——他要戰勝的是同等級的對手……

足以與之匹敵——這是一場公正決鬥的首要條件。若是蔑視對手，就沒有辦法進行戰爭；若是高高在上發號施令，就沒有必要進行戰爭。——我實踐戰爭的方法可以用四句話來概括。第一：我只攻擊常勝軍，——視情況也許還會先等到對手變成常勝軍。第二：我只會在找不到盟友的情況下攻擊對手，自己承擔後果，——自己丟自己的臉……

我的公開行動向來都是丟臉的：這是我的行動準則。第三：我向來都是對事不對人，——人對我來說，只是高倍數的放大鏡，用來透析普遍存在卻不好捉摸的緊急情況。所以我攻擊大衛・史特勞斯[15]，攻擊的是那本老掉牙的書，它居然會在德國「教育」界大獲成功，——我當下就抓到教育界在幹什麼好事……

而我攻擊華格納，攻擊的則是我們「文化」的虛僞以及它與生俱來的搖擺不定，居然會把狡詐當成富有，把遲到當作偉大。第四：我攻擊的事情不會因人而異，背後的動機也不會是任何負面的個人經驗。相反地，我的攻擊是一種好意的證明，也可能是一種感激的證明。我尊敬人、褒揚人的方式，就是將我的名字和其他人、事、物的名字連結在一起：無論是支持還是反對——對我來說都是一樣的。如果我和基督教開戰，我會很站得住腳，因爲我個人方面沒有經歷過任何不幸和阻撓，——嚴肅的基督徒一直對我都很好。我是基督教不可或缺的對手，我也不會把數千年來的不幸加諸在個人身上。——

15 譯註：David Friedrich Strauß（一八〇八—一八七四），德意志作家、哲學家、神學家。在一八七三年出版的《不合時宜的觀察》第一卷中，尼采大力抨擊史特勞斯是「學識庸人」，引發社會一片駭然。

## 捌

我可以斗膽再稍微說一下我的天性的最後一個特徵嗎？在與他人相處的時候，它給我造成了不少麻煩。我天生帶有潔癖的本能，敏感得可怕，任何靈魂接近我，我的生理都會有所察覺——我在說什麼？——我能聞得到——聞得到它最內在的部分，聞得到它的「內臟」……

我的敏感來自心理學方面的觸角，所以我可以觸碰並且掌握各種祕密：我能在第一時間意識到許多隱藏在某些人內心深處的骯髒汙穢，這些汙穢也許是血緣使然，但全都被教育掩飾得一乾二淨。如果我觀察得正確的話，那些無法承受我潔癖的人，他們自己也會感受到我出自於噁心的小心謹慎：但是他們也不會因此變得比較好聞……

我已經習慣了——我之所以能存在，前提是極度誠實地面對自己，在不潔淨的條件之下，我是會死的——，我彷彿在某個全然透明而閃耀的元素裡，不斷在水裡游泳、泡澡、踩水。所以我在與人交流的時候，不會想試著有耐心一點；我的人性不在於對其他人感同身受，而在於忍耐自己對其他人感同身受……

我的人性是不斷戰勝自己。——但是我也極度需要孤獨，也就是說，極度需要康復、回到自己，極度需要呼吸遊戲人間的自由空氣……

我的整本《查拉圖斯特拉》是一部讚頌孤獨的酒神頌歌，如果有人懂我剛才說的是什麼，它也是一部讚頌純潔的酒神讚歌……

幸好它讚頌的不是純然的愚蠢。——眼睛能分辨色彩的人，會說我的《查拉圖斯特拉》是鑽石做的。——對人和「垃圾人」感到噁心，一直都是我最大的危險……

有人會想聽聽查拉圖斯特拉怎麼談從噁心得到救贖嗎？

我到底怎麼了？我是怎麼把自己從噁心救贖出來的？誰更新了我的眼目？我是怎麼飛到高處的，遠離水泉旁坐滿垃圾人的地方？是我的噁心讓我長出了翅膀和追尋泉源的力量嗎？眞的，我必須飛到極高之處，才能找回興致的泉源！——

我的弟兄啊！我找到它了。就在極高之處，興致的泉源湧現了！而且不必再和垃圾人一起共享生活了！

興致的泉源啊！你朝我湧來得有點太過激烈了。你急著想把這個杯塡滿，反而常讓它一無所獲。

而我也必須學會更加謙卑地靠近你：我的心還是太急著向你湧去了：

——我的心，在心頭燃燒的是我的夏天，短暫、炎熱、憂愁、極樂：我的夏天之心多麼渴望得到你的清涼！

我的春天，躊躇的鬱悶已經過去！我的六月，邪惡的雪花已經過去！我成了夏天，成了夏日的正午時分，——

——在極高之處的夏天，有清涼的泉源，有幸福的寧靜：我的朋友們，你們來吧，來讓這份寧靜變得更加幸福！

因爲這裡是**我們的**高地、我們的家鄉：對於所有不潔之人和他們的渴望而言，我們住的地方實在是太高、太陡峻了。

朋友們，用你們純潔的目光看一眼我的興致泉源吧！它又怎麼會因此變得混濁呢？它會用**它的**純潔對你們報以微笑。

我們把巢建築在名爲未來的樹上；老鷹會將食物叼來給我們這些孤獨的人！

眞的，這裡沒有可以分給不潔之人的食物！他們自以爲可以吃火，結果一定會燒掉自己的嘴巴。

眞的，我們不會爲不潔之人在這裡預留居所！對於他們的肉體以及他們的精神而言，我們的幸福簡直是座冰窟！

我們就像強風一樣活在他們之上。與老鷹們爲鄰，與白雪爲鄰，與太陽爲鄰：強風就是這樣過活的。

有朝一日，我也要像一陣風一樣吹到他們之中，用我的靈奪走他們的精神氣息：這就是我的未來。

眞的，對於低窪之地而言，查拉圖斯特拉就是一道強風：他要建議他的敵人和所有朝他吐口水的人：你們要持守自己，不要對著風吐口水！……

# 為什麼我這麼聰明

# 壹

——爲什麼我知道的比別人要多一些？爲什麼我就是這麼聰明？對於這些不是問題的問題，我從來沒有多加思考過，——我不會把自己浪費在這種問題上。——例如：在我的經驗中，我不曾在宗教方面眞的遇過什麼樣的困難。我從來不曾注意過自己「有罪」到什麼程度；同樣地，我也沒有可靠的標準來衡量愧疚到底是什麼：根據別人的說法，我會覺得愧疚不是什麼需要在意的事情……

我不想在事後才對我的行動置之不理，我寧願完全不去計較這個行動可能會有什麼樣的後果或是糟糕的結局。在事情的結果變得糟糕的時候，人太容易對自己的所做所爲失去正確的看法：我覺得愧疚就是一種「不好的」看法。事情出了差錯，而且正是因為出了差錯，所以才必須更加重視，這才是我的道德原則。——「上帝」、「靈魂永生」、「救贖」、「彼世」，這些全是我未曾注意也不曾花時間去思考的概念，而且我從小就是如此，——也許是我不夠赤子之心？——我完全不覺得無神論是某種結果，更不覺得它是某件大事：它出自於我的本能的理所當然。我這個人太過有好奇心了，心裡覺得太過疑惑，太過高傲，所以無法將就於一個粗淺的答案。上帝是一個粗淺的答案，它不是思想家吃的高檔貨——，說到底，它只是一個粗製濫造的禁令：你們不應該思考！……

對於另一個問題，我感興趣的程度就大不相同了，而且「人類的救贖」也和這個問題息息相關，而非關神學家的怪異想法：我要談的就是飲食的問題。爲了方便每天思考這個問題，也可以換句話說：「你要怎麼吃，才能讓你的力量、文藝復興時期所談的行動力、不含道德因（Moralin）的美德，達到最大値？」——在這方面，我的經驗糟糕到不行；我很訝異自己居然這麼晚才聽見這個問題，這麼晚才從這些經驗學到什麼叫做「理性」。爲什麼我在這一方面會落後到簡直就快要成聖了？只有我們德國的糟糕教育——「理想主義」——才能稍微給我一點解釋。這個「教育」一開始就教人要忽略各種現實世界，才能全然追尋那些所謂的「理想」、實則卻大有問題的目標，例如：「古典教育」——裝得一付好像沒有打從一開始就把「古典」和「德國」兩個概念劃上等號一樣！——大家去想像一下「受過古典教育的」萊比錫人，眞的很搞笑！——事實上，就算我已經老大不小了，我還是吃得很差，——用道德的說法來表達的話，那就是我吃得很「無私」、很「無己」、很「利他」，造福了廚師和其他的基督徒。舉例來說，在我開始研究叔本華[1]的同時（一八六五年），我透過萊比錫的食物嚴肅地否定了自己擁有「生存意志」。爲了達成吃不飽的目標，我還把胃弄壞了——胃的問題看來幸運地化解了萊比錫那些令人感到驚奇的菜色。（有人說，一八六六那年，事情開始有了變化——。）[2]不過，眞要說起來的話，

1　譯註：Arthur Schopenhauer（一七八八—一八六〇），德意志哲學家。
2　譯註：一八六六年普奧戰爭後，萊北錫所屬的薩克森王國被併入北德邦聯。

德國菜——什麼壞事沒幹過！飯前的湯品（十六世紀的威尼斯食譜還把這叫做alla tedesca〔譯註：德式〕）；煮到乾掉的肉、煮到爛掉又太油的菜；麵點全都退化到和紙鎮沒什麼兩樣！如果再把老德國人（不只德國老人）對酒精的獸性需求算進來的話，那就能理解德國精神的起源——來自不開心的五臟六腑……德國精神是一種消化不良的精神，什麼都消化不完。——拿德國菜或甚至法國菜來做比較的話，英國菜算是一種「回歸自然」，也就是回歸食人主義，但是它也和我的本能背道而馳；我覺得它讓人精神遲鈍——就像英國女人的腳一樣遲鈍……

最好的菜是皮埃蒙特[3]那個地方的菜。——對我來說，酒精飲料都不是很好；一天一杯葡萄酒或是啤酒就已經足以把我的生活變成流淚谷，——與我相反的人都住在慕尼黑。我應該是長大之後才開始懂得這個道理，但其實我小時候就已經親身體會過了。小時候，我以爲喝酒就像抽菸一樣，剛開始只是年輕男子的虛榮心作祟，到後來才變成了壞習慣。之所以會有這種苦澀的評論，也許有一部分是瑙姆堡的葡萄酒害的。如果要我相信葡萄酒能夠讓人心情愉快，我可能必須先變成基督徒才行，也就是說要先信教，但是對我來說，這正好是最荒謬的事情。奇怪的是，雖然一小罐稀釋過的酒就可能會引發我的極度不快，但如果是烈

3 譯註：Piemont，義大利西北地區。

酒，我又幾乎像水手一樣能喝。這是我小時候的勇敢之處。守夜的時候用拉丁文寫一篇長篇大論，然後再把它抄寫一遍，帶著寫作的抱負，模仿我的偶像撒路斯特[4]的簡潔與嚴謹，然後再用最重口味的格羅格酒澆灌我的拉丁文。我還在受人景仰的佛塔學校[5]當學生的時候，這些事情就已經和我的生理完全沒有衝突，也許和撒路斯特的生理也不會有衝突——儘管這件事情和受人景仰的佛塔學校之間有多麼衝突……

但到了後來，接近中年的時候，我便愈來愈堅決反對各種「精神（酒精）」飲料：我和曾經要我不要吃素的理查•華格納一樣，都是親身經歷過後的素食反對者，我不曉得該怎麼做，才能足夠嚴肅地囑咐比較有頭腦的人一定要戒酒。喝水就夠了……

我偏愛隨手可以取得泉水的地方（尼斯[6]、都靈[7]、錫爾斯[8]）；我隨身都跟著一個小水杯，像小狗一樣跟來跟去。真理就在酒裡：在這一方面，我對「眞理」的理解似乎又和全世界不同了：——就我的理解，靈是運行在水面上的……

4 譯註：Sallust，全名Gaius Sallustius Crispus，羅馬歷史家。
5 譯註：Schulpforta，一五四三年建立的寄宿中學，後亦成爲瑙姆堡當地地名。
6 譯註：Nizza，法國城市，濱海阿爾卑斯省省會。
7 譯註：Turin，義大利皮埃蒙特地區城市。
8 譯註：Sils，瑞士恩加丁山谷小鎮。

再給大家一些我的道德指南。比起吃得太少，大吃一頓反而容易消化。消化良好的首要條件就是要讓胃全力運作。所以要認識自己胃的大小。同樣地，也不建議一餐吃得太久，我把這種用餐方式叫做中斷的宰牲節，餐桌旁的宰牲節。——餐跟餐之間不要吃東西，不要喝咖啡：咖啡會讓人變得黯淡無光。茶只能在早上喝。喝得少，但要喝得夠濃；茶只要淡了一些，就會產生負面的效果，讓人整天都病懨懨的。至於濃淡，每個人的標準都不一樣，有些人喝得很有限，有些人則喝得很挑。如果氣候讓人感到心情煩悶，那就不建議用茶當作一天的開始：應該要提早一個小時讓人爲自己泡一杯去過油的熱可可。——盡可能不要坐著不動；不要相信任何不是在戶外自由活動的時候誕生的想法，——只要肌肉沒有一同參與慶祝，就不要相信任何想法和念頭。所有偏見都來自五臟六腑。——坐著不動——我已經說過了——是眞正干犯聖靈的罪。——

## 貳

地方和氣候的問題也和飲食問題息息相關。沒有人可以自由選擇要生活在哪個地方；必須投入全部心力去解決重大使命的人，在這方面的選項更是少之又少。氣候對於新陳代謝的影響重大，會妨礙代謝，也會加速代謝，所以選錯地方和氣候不只會讓一個人偏離自己的使命，也可能讓他根本找不到自己的使命：永遠看不到自己的使命所在。他的生命力永遠不夠充足，所以也無法擁有漫進心靈深處的自由。要擁有那樣子的自由，他才會發現：這件事情只有我能做……

只要五臟六腑有了一絲怠惰的壞習慣，就足以讓一個天才變成中庸之人、變成「德國人」；光是德國的氣候，就已經能讓強大的、甚至是具有英雄素質的內臟失去勇氣。新陳代謝的節奏與精神流動的快慢息息相關；畢竟「精神」本身也不過是一種新陳代謝。如果把天底下所有的地方都擺在一起做比較，看看哪裡有（或曾經有）智慧人，哪裡把詼諧、狡黠、壞心眼看作是一種福氣，哪裡是天才幾乎不得不定居下來的地方：會發現這些地方全都有優質的乾燥空氣。巴黎[9]、普羅旺斯[10]、佛羅倫斯[11]、耶路撒冷、雅典——這些地名證實了一件事：天才的條件是乾燥的空氣、清澈的天空，——也就是說，必須要有快速的新陳代謝，也要能不斷累積大量、甚至極大量的力量。我眼前就有個例子，有一位自由、而且天生就註定要幹大事的人，只不過在氣候方面欠缺了本能方面的自由，所以變得心胸狹小、躲躲藏藏、故步自封、憤世嫉俗。如果我沒有因爲生病而被迫理性思考、被迫思考現實世界的理性作爲，我自己也可能變成那個樣子。透過長期的練習，我現在已經能把自己的身體當成

---

9 譯註：Paris，爲當時法蘭西第三共和首都。

10 譯註：Provence，法國東南部地區。

11 譯註：Florenz，義大利中部城市。

一件可靠的精密儀器，用來測讀氣候與大氣造成的影響。光是在一趟短程旅途中，比如從圖靈[12]到米蘭[13]，我的身體就能算出空氣中的濕度變化。我想到一件令人毛骨悚然的事實：除了有生命危險的過去這十年，我的生命其實一直都進行在錯誤的地方，而且還根本都是我的禁地。瑙姆堡、佛塔學校、整個圖林根[14]、萊比錫[15]、巴塞爾——還有許多會對我的生理造成不幸的地方。如果我的童年和少年時期完全沒有愉快的回憶，那麼根本就不用試圖在這件事情的背後找到所謂「心態方面的」原因，——比如說我缺乏足夠的社交生活：因爲我從以前到現在都缺乏足夠的社交生活，但也沒有因此變得不勇敢或不快樂。我的人生眞正的不幸反而在於我對生理學一竅不通——這就是該死的「理想主義」——理想主義是一件多餘又愚蠢的事情，沒辦法成就什麼好事，也沒辦法進行補償或是銷帳。所有的錯誤決定、所有嚴重的本能迷失、以及讓我遠離人生使命的「謙虛」，例如：我變成了語文學家——爲什麼不至少當個醫生，或是去當可以打開眼界的其他職業？對於這一切，我都能從這個「理想主義」所造成的結果找到解釋。在巴塞爾的那段時間，我的精神糧食，包括每日行程的安

12 譯註：Turin，義大利北部城市。
13 譯註：Mailand，義大利北部城市。
14 譯註：Thüringen，德國中部地區，現爲德國的一個邦。
15 譯註：Leipzig，德國中部城市。

排，全都在無端浪費自己不平凡的力量，既沒有其他力量可以補充消耗，自己也沒有思考過輸出與輸入之間的平衡。沒有多爲自己著想，也沒有發號施令的本能能夠關照自己，我把自己和他人劃上等號，「無私」，忘了要保持距離，——我永遠不會原諒我自己。在我人生將近走到盡頭的時候，正是因爲我的人生將近走到盡頭，我才開始思考自己的人生爲什麼會如此徹底地沒有道理——開始思考「理想主義」究竟是怎麼一回事。是這場病，才讓我回歸理性。——

## 參

飲食方面的選擇；氣候與地方的選擇；——除此之外，第三件無論如何都不能做錯決定的事情就是休養方式的選擇。根據精神特質的不同，可以做的、或是說有效果的休養方式就很有限，或是非常有限。就我自己的狀況來說，所有的閱讀行為都算是休養：因此也算是讓我得以擺脫自己的行爲、讓我漫步在陌生的科學與靈魂之中，——我不再嚴肅看待的行爲。正是閱讀讓我得以從我的嚴肅恢復過來。在我全力工作的時候，我手邊看不到任何一本書：我會小心，不會讓人在我的附近說話、甚至思考。閱讀也一樣……

大家有沒有觀察過，懷孕期間身心最緊繃的時候，任何一個偶然事件和外來的刺激都會造成過於猛烈的影響、以及過深的「打擊」。大家必須盡可能地避開偶然與外來的刺激；這是一種自我圍籬、一種本能智慧，特別是在孕育精神的時候。我有可能會允許外來的想法偷偷越過圍牆嗎？——閱讀也一樣……

在工作和產出之後，接著就是休養的時候：你們來吧！你們這些讓人身心舒暢的、你們這些充滿智慧的、你們這些天資聰穎的書！——這些有可能會是德國的書嗎？……

我必須追溯到半年前，才能找到我上一次手上拿著書的時候。那本書是什麼？——是一本維克多・布羅夏[16]的傑出研究：《希臘的懷疑論者》，他在書裡也有用到我的《拉爾修論文集（*Laertiana*）》。在這個多種意義上都可稱爲哲學家的民族中，懷疑論者是唯一值得尊敬的類型！……

除此之外，我每次藏身於其中的都是同樣那幾本書，其實沒有很多，就只有那些對我來說已經得到實證的書而已。我的風格也許不是讀得多、讀得廣：書房會讓我生病。我的風格也不是愛得多、愛得廣。小心謹慎、甚至對新書抱持敵意，這才是我的本能，而不是「包容」、「心寬體胖」、「博愛」……

其實只有少數幾位法國先賢的書會讓我一直回頭去讀：我只相信法國教育，我把歐洲所有自稱爲「教育」的東西都看作是一場誤會，德國教育就更別提了……

16 譯註：Victor Brocard（一八四八—一九〇七），法國哲學家。

我在德國找到幾個受過高等教育的例子，都源自於法國，尤其是科西瑪‧華格納女士，她在品味方面的聲量，絕對是我所有聽過的言論中的第一把交椅……

我不讀帕斯卡[17]，而是愛他，在基督教的殘害之下，他是最發人省思的受害者，被慢慢折磨至死，先是身體，然後是心靈，在種種不人道的殘酷行爲中，這套邏輯是最恐怖的一種；在精神方面，我可能有點蒙田[18]的恣意妄爲，誰曉得呢？也許肉體方面也是；我的藝術家品味憤慨不平地保護著莫里哀[19]、高乃依[20]、拉辛[21]等人的名字，避免他們慘遭莎士比亞之流的放蕩天才所害：但這一切終究不代表我否認近代的法國人一樣也是個富有魅力的社群。我完全看不出歷史上有哪個世紀可以像當今的巴黎一樣，薈萃這麼多有好奇心又有品味的心理學家——因爲數量不少——我試著列舉出幾位先生的名字，保羅‧布爾熱[22]、

17 譯註：Blaise Pascal（一六二三—一六六二），法國數學家。
18 譯註：Michel de Montaigne（一五三三—一五九二），法國哲學家，著有《蒙田隨筆》。
19 譯註：Molière（一六二二—一六七三），法國劇作家。
20 譯註：Pierre Corneille（一六〇六—一六八四），法國劇作家。
21 譯註：Jean Racine（一六三九—一六九九），法國劇作家。
22 譯註：Paul Bourget（一八五二—一九三五），法國小說家。

皮耶・羅逖[23]、吉普[24]、梅亞克[25]、安那托爾・佛朗士[26]、朱爾・勒邁特[27]、或是我特別鍾愛的居伊・德・莫泊桑[28]，他是這個強大民族真正首屈一指的拉丁語學家。偷偷告訴大家，我喜歡這個世代，甚至勝過他們偉大的老師，因爲他們的老師統統都被德國哲學家給敗壞了。例如：泰納[29]先生就受到黑格爾[30]的敗壞，他對偉人和時代的誤解都來自於黑格爾。德國到了哪裡，就敗壞哪裡的文化。反倒是戰爭才「救贖」了法國的精神……

司湯達[31]是我生命中最美麗的偶然之一——因爲我生命中所有劃時代的一切都是偶然發生的，從來都不是透過別人介紹而來的——他在心理學方面的眞知灼見簡直不可斗量，他對

---

23 譯註：Pierre Loti（一八五〇—一九二三），法國小說家。

24 譯註：Gyp（一八四九—一九三二），本名是女伯爵李凱蒂・德・米拉波（Sibylle Gabrielle Riquetti de Mirabeau），法國小說家。尼采顯然不知道該作家的眞實身分。

25 譯註：Henri Meilhac（一八三一—一八九七），法國劇作家。

26 譯註：Anatole France（一八四四—一九二四），法國小說家。

27 譯註：Jules Lemaître（一八五三—一九一四），法國作家、詩人、劇作家。

28 譯註：Guy de Maupassant（一八五〇—一八九三），法國小說家。

29 譯註：Hippolyte Taine（一八二八—一八九三），法國哲學家。

30 譯註：Georg Wilhelm Friedrich Hegel（一七七〇—一八三一），德意志哲學家。

31 譯註：Stendhal（一七八三—一八四二），本名是馬利亨利・貝爾（Marie-Henri Beyle），法國小說家。

事實的掌握更是讓人覺得重大事件簡直歷歷在目（見微知著，見爪子即見拿破崙[32]——）；最後還有一位，他是正直的無神論者，在法國極其少見的一類人，——令人尊敬的普羅斯佩・梅里美[33]……

也許我本人非常嫉妒司湯達？他拿走了我最好的無神論笑話，害我都沒得說了：「上帝唯一可以被原諒的事情，就是祂不存在」……我自己也曾在某個地方講過：迄今為止，對於存在的最佳反駁是什麼？就是上帝……

## 肆

關於詩人的最高概念，我是從海因里希・海涅[34]那裡獲得的。我尋遍數千年來的各個帝國，都找不到一種既甜蜜又帶有熱情的音樂。海涅有一股神靈般的邪惡，我無法想像有什麼最完美的東西是不帶著那股邪惡的，——我衡量人類價值的標準，就在於他們知不知道上帝和羊男無法分開來做理解。——而且他的德語用得多好！總有一天，人們會說，我和

---

32 譯註：ex ungue Napoleonem，尼采改寫自拉丁文俗諺：ex ungue leonem（從爪子可以看出獅子）。

33 譯註：Prosper Mérimée（一八〇三—一八七〇），法國小說家。

34 譯註：Heinrich Heine（一七九七—一八五六），德意志詩人。

海涅是最好的德語藝術家——好過區區德國人用德語所做過的一切。——我肯定和拜倫[35]筆下的《曼弗雷特》有很深的淵源：裡面提到的那些深淵低谷我全都有過，——我十三歲的時候，就已經能讀懂這部作品了。對於那些敢在曼弗雷特面前唸出《浮士德》三個字的人，我眞的無言以對，頂多只會瞧上一眼。德國人沒有能力理解偉大的概念：舒曼[36]就是一個證明。因爲我眞的很不爽這位虛僞的薩克森人[37]，我特地爲《曼佛雷特》譜了一首反序曲[38]，對此，漢斯・馮・畢羅[39]曾經說過，他還不曾看過類似的曲譜：他說我的曲子是在強暴尤特碧。[40]——如果要找個最高級的措辭來形容莎士比亞，想來想去，我只想得到他曾經構想出一個典型的凱撒。[41]這種事情是猜不到的，——是就是，不是就不是。偉大的作家只能用他所在的現實進行創作——直到他事後不再能夠忍受自己的作品爲止……

35 譯註：Goerge Gordon Byron（一七八八—一八二四），英國詩人。
36 譯註：Robert Schumann（一八一〇—一八五六），德意志作曲家。
37 譯註：指出生於薩克森王國的舒曼。
38 譯註：舒曼曾爲《曼佛雷特》譜曲，op115。
39 譯註：Hans von Bülow（一八三〇—一八九四），德意志鋼琴家。
40 譯註：Euterpe，專管抒情詩的繆斯女神。
41 譯註：指莎士比亞的劇作《朱利葉斯・凱撒》。

每當我回過頭去瞧一眼我的《查拉圖斯特拉》，我就會在房間裡走來走去，走上半個小時，無法克制抽噎造成的抽搐。——我不曉得還有什麼作品會比莎士比亞更虐心：一個人要受過什麼樣的苦，才會不得不插科打諢來供人歡笑！——有人了解哈姆雷特嗎？讓人發瘋的並不是懷疑，也不是確信……

但是，要看得懂《哈姆雷特》，必須要墮落得夠深、要是哲學家，才有辦法體會這種感覺……

我們每個人都害怕眞理……

我承認：我本能上很確定培根大人[42]就是這種詭異文學的創始人和自虐狂：美國那些沒有邏輯的笨蛋講的垃圾話關我什麼事？但是，要能夠把異象化爲最強大的現實世界，這種力量不僅合乎最強大的行動力、洪荒之力、犯罪力——而且這些力量也是將異象化為現實的前提……

長久以來，我們都不夠了解培根大人，在各種意義上，他都是首屈一指的現實主義者。因爲我們不夠了解，所以我們也不知道他都做了什麼、想要什麼、人生都經歷了什麼……

而且該死的，我的評論家先生們！假設我把我的查拉圖斯特拉換成某個外人的名字，比

42 譯註：Francis Bacon（一五六一—一六二六），英國哲學家。

如理查・華格納，那麼兩千年來的敏銳目光也不足以猜得出來，《人性、太人性的》的作者就是《查拉圖斯特拉》的先知……

## 伍

既然說到我的人生都是怎麼休養的，我在這裡必須再說一些話，藉此對於生命中最讓我眞心感到徹底恢復的事情表達我的感激。這件事情無庸置疑就是我和理查・華格納的交往。我把人際關係看得很廉價；但是我絕對不會出賣我在特里布փ[43]度過的那些日子，那些信任的日子、愉快的日子、微妙的偶然——深刻的瞬間……

我不知道其他人和華格納有過什麼樣的經歷：我們兩個頭上的烏雲從來沒有少過——講到這裡，我又要講回法國去了，——對於華格納的信徒們，我沒有什麼好說的，只剩下鄙視的嘴角以及其他諸如此類的東西可以送給他們，他們覺得華格納跟自己很像，認爲這樣就是對華格納的敬重……

對於深埋在自己本能裡的所有德意志的部分，我都非常陌生，所以任何一個德國人接

43 譯註：Tribschen，瑞士琉森市湖畔地名，華格納曾在此定居六年，並完成他的《紐倫堡的名歌手》。

近我，都會造成我的消化不良，一直到與華格納的第一次接觸，我的人生才第一次鬆了一口氣：我感覺得到自己把他當作外國、當作對立，他的存在就是對所有「德意志美德」的抗訴，我敬重他——我們是在五〇年代的汙濁空氣中長大的孩子，所以我們註定對「德意志」這個概念感到悲觀；我們別無選擇，只能成為革命人士，——只要那個卑鄙小人[44]還在位子上，我們就沒辦法對事物的狀況加以承認。無論他今天穿什麼顏色上台演出、無論他穿猩紅色、還是驃騎兵制服，我都完全無所謂……

算了！反正華格納是個革命人士——他逃離了德國人……身為藝術家，除了巴黎以外，不會有其他歐洲的故鄉；只有在巴黎才找得到精巧的手指、病態的心理、以及奠基華格納藝術的精緻藝術感受。其他地方都缺乏熱情討論形式問題，缺乏認真的心態看待場面調度——這些都是巴黎特有的認真。巴黎藝術家的靈魂裡面居住著宏偉的野心，德國人卻對此完全沒有半點概念。德國人很善良——華格納一點都不善良……

但是，關於華格納屬於哪個流派、他與誰的淵源最為接近，我已經說得夠多了（在《善與惡的彼岸》頁二五六—二五七）：總之是法國的浪漫主義晚期，那群懷抱夢想、橫空出世

---

44 譯註：暗指德國皇帝威廉二世。

的藝術家，像是德拉克羅瓦[45]、白遼士[46]，他們的骨子裡都帶著不治之症，無可救藥的狂熱表現分子，徹頭徹尾的炫技大師……

說到底，誰是第一位擁有聰明才智的華格納信徒？夏爾・波特萊爾[47]，他是最先看懂德拉克羅瓦的人，他也是典型的頹廢派人士，整個世代的藝術家都在他身上看到自己的影子——他可能也是最後一個……

我不能原諒華格納的是什麼？我不能原諒他降貴紆尊於德國人，——不能原諒他變成德意志帝國人……

德國到了哪裡，就敗壞哪裡的文化。——

## 陸

仔細思量，如果沒有華格納的音樂，我沒辦法撐過我的少年時期，因爲我被判處當個德國人。如果一個人想擺脫無法背負的重擔，他需要的是大麻。好吧，我當時需要的就是華格

45 譯註：Eugène Delacroix（一七九八—一八六三），法國畫家。

46 譯註：Hector Berlioz（一八〇一—一八六九），法國作曲家。

47 譯註：Charles Baudelaire（一八二一—一八六七），法國詩人。

納。華格納是以毒攻毒的特效藥，用來對抗德意志的一切，——他是毒品，我不否認……從《崔斯坦》[48]的鋼琴譜問世的那一刻起——畢羅先生，我要向您致敬！——我就成爲華格納的信徒了。我不是很看得起華格納最早期的那些作品——都還太過粗鄙、太過「德意志」……

時至今日，我還在尋找有哪部作品可以像《崔斯坦》一樣具有危險的吸引力、具有恐怖又甜蜜的無限性，——我在所有藝術裡都找不到。當《崔斯坦》的第一個音響起的那一刻，李奧納多・達文西作品中的陌生感就會自我除魅。這部作品是華格納的終極之作；他曾經靠著《紐倫堡的名歌手》和《尼伯龍根的指環》從《崔斯坦》恢復過來——變得更加健康——但是對於華格納這種天性的人來說，這是一種退步……

我活在對的時候，而且還活在德國人之中，我把這件事情視爲上等的福氣，正因爲如此，我才能變得夠成熟，足以讀得懂這部作品：這是我在心理學方面的好奇心初步探究的結果。對於從來沒有病到能夠體會「地獄快感」的人來說，這個世界是貧瘠的：這件事可以、而且幾乎只可以用神祕主義的說法來表達。——我想，我比任何人都了解，只有華格納做得出那種驚世駭俗的作品，異種極樂的五十重天，除了華格納，沒有人飛得上去；強大如

48 譯註：指的是華格納的歌劇《崔斯坦與伊索德》。

我，連有疑慮或有危險性的事物，我都能把它化爲優勢，並藉此變得更加強大，所以我把華格納稱爲我生命中的貴人。我們同樣都受過極深的痛苦，而且同樣都是這個世紀的人，我們可能也彼此受過彼此的苦，這種淵源會把我們倆人的名字永遠牽扯在一起；儘管華格納肯定只是德國人之中的一場誤會，但我自己肯定也一樣是一場誤會，而且永遠都是。——先去受過兩個世紀的心理學以及藝術方面的專業訓練吧，日耳曼先生們！……

但是，這是沒有辦法補得回來的。——

## 柒

——我想再爲受選召的聽眾們說一下：我想要的究竟是什麼音樂。我想要它像十月的午後一樣，既愉快又深邃。我想要它做自己、放縱、柔情，就像可愛的小女人，既風騷又優雅……

我永遠不會允許別人宣稱德國人能知道什麼是音樂。人們口中的德國音樂家，尤其是最偉大的那幾位，全都是外國人，斯拉夫人、克羅埃西亞人、義大利人、荷蘭人——或是猶太人；不然就是強種的德國人，已經滅絕了的德國人，像是海因里希•舒茲[49]、巴哈[50]、和

49 譯註：Heinrich Schütz（一五八五—一六七二），德意志巴洛克早期作曲家。
50 譯註：Johann Sebastian Bach（一六八五—一七五〇），德意志巴洛克時期作曲家。

韓德爾[51]。我本人還是挺夠波蘭的，可以爲了蕭邦[52]放棄其他的音樂：除了華格納的《齊格飛牧歌》[53]，我有三個理由，也許還會留下李斯特[54]，他高貴的交響曲調遠勝過所有的音樂家；最後要留下的是生長於阿爾卑斯山彼端的一切——此端……

我不會忘了羅西尼[55]，更不會忘了我的音樂之南，威尼斯大師皮耶特羅・加斯提[56]的音樂。當我說到阿爾卑斯山彼端的時候，我指的其實只有威尼斯。如果要用另一個字來代替音樂，我也永遠只會想到威尼斯。我不懂要怎麼分辨眼淚與音樂之間的差別，我只知道，思考南方的時候，我總會感到膽顫心驚，而這是一種福氣：

最近，我在棕色的夜裡

51 譯註：Georg Friedrich Händel（一六八五—一七五九），德意志巴洛克時期作曲家。
52 譯註：Frédéric Chopin（一八一〇—一八四九），波蘭作曲家。
53 譯註：華格納作品，WWV 103。
54 譯註：Franz Liszt（一八一一—一八八六），德意志音樂家。
55 譯註：Gioachino Rossini（一七九二—一八六八），義大利作曲家。
56 譯註：Pietro Gasti，Peter Gast的義大利文轉寫，本名爲Heinrich Köselitz（一八五四—一九一八），德意志作曲家，尼采的好友，長年住在威尼斯，代表作爲喜歌劇《威尼斯的獅子》。

站在橋頭。
遠方傳來一首歌：
金色的水珠湧現
流過顫抖的平原。
貢多拉、燈光、音樂——
醉醺醺地流進晨曦……
我的靈魂是一把弦樂，
默默受感而唱，
暗自合著一首貢多拉之歌，
因著繽紛的極樂而顫抖。
——有誰聽見這首歌？……

## 捌

這一切——飲食的選擇、地方和氣候的選擇、休養的選擇——發號施令的，都是自我存續的本能，而它最明顯的表現，就是自我防衛的本能。對許多東西不聽、不看、不讓它們接近自己——這是一等一的聰明，也是一個人是必然而非偶然的最佳證明。這種自我防衛的本能有個尋常的名字，叫作品味。如果說「好」是一種「無私」，那麼品味的命令式會命令我們說「不」，而且它也會命令我們盡可能不要說「不」。離開，斷絕所有必須一而再、再而三說「不」的狀況。這個道理就在於防守的支出儘管不算太大，但是一旦成了慣例、成了習慣，就有可能造成完全不必要的異常消耗。頻繁的少量支出就是大量支出。抵抗、不讓接近，這就是一種支出——這件事情沒辦法自欺欺人——，浪費力量在負面的目的上。光是持續處在需要抵抗的困境中，就足以讓人虛弱到無法再抵抗。——假設我走出自己的房子，看到的不是恬靜高貴的都靈，而是德國某座小城市；這時，我的本能就必須把自己封鎖起來，才能抵抗這個被壓扁的孬種世界對我本能的一切施壓。又或者我看到的是德國某座大城市，各種放浪形骸的大本營，寸草不生，所有東西，不論好壞，都被帶了進去。我難道不用因此變成一隻刺蝟嗎？——但是，如果有選擇不要長刺，而是放開雙手，那麼長滿尖刺也是一種浪費，甚至是加倍的奢侈……

另外一種自我防衛的聰明作法是盡可能不要有反應。如果狀況和條件都讓人覺得自己彷彿被迫交出「自由」、交出主動權，只能當個純粹的化學試劑，這個時候，就要抽身離開。我用一個人對待書本的方式來當作比喻。只會「翻」書的學者——哲學家一般估計一天翻兩百本書——這些學者到最後會完全失去自己思考的能力。不翻書的時候，他就不會思考。思考的時候，他會對外來的刺激有所回應（——回應他在書裡讀到的想法），——但也只是回應而已。這位學者把自己的全部心力都用在回答是或不是，用在批評已經被思考過的事情，——他自己已經不再思考了……

他的自我防衛本能已經疲乏了；不然他應該會對書本有所抵抗。這位學者——就是個頹廢派。——這是我親眼所見：有些有天賦的人，生性自由又豐富，但是在三十多歲的時候就已經讀書「讀垮」了，變成幾根火柴，只要摩擦一下，他們就會發出火光——給出「想法」。——每天一早，天才剛亮，正當神清氣爽的時候，就拿起一本書來讀——我把這種行爲稱爲放蕩！————

## 玖

行文至此，對於要怎麼成為自己這個問題，已經不能再兜圈子了，不能再不給個眞正的答案了。在此，我會碰觸到自我存續這門藝術中的大師之作——也就是自私自利……

假設，使命、命定、或是執行使命的命運遠遠座落在平均值以外，那麼大概沒有什麼比看到自己帶著使命還要更危險的事情了。要成爲自己，前提是完全沒有預料到自己會是什麼。從這個立場來看，就連生命中的每一個錯誤決定也都有它自己的意義與價值，無論是一時走上岔路與錯路，躊躇不前，「謙虛」，或是太過較眞在這個使命之外的其他使命。這裡可能暗藏著一件大有智慧的事情、甚至是至高無上的智慧：如果「認識你自己」是個敗壞人的帖方，那麼忘記自己、誤解自己、小看自己、窄化自己、讓自己成爲平庸，這才是眞正的道理。用道德的說法來表示：愛人如己、爲其他人或其他事物而活，可能都只是爲了延續最剛硬的自我而採取的防護措施。這是我唯一會違反自己的規則與信念去支持「無私」本能的例外情況：這種無私的本能之所以運作，目的是爲了自私自利、爲了自我調教。——我們必須維持意識的表層——意識是一種表層——不要摻雜任何一種偉大的命令，甚至要小心每一句偉大的話語，小心每一種偉大的態度！如果本能太早把自己視爲「理所當然」，那會是一種純粹的危險——「理念」的成長需要時間，慢慢具備組織與統治的能力，——它會開始發號施令，它會慢慢將人從岔路和錯路中導正回來，它會爲了將來的整體大業去個別預備不可欠缺的素質與才幹，——在最主要的使命、「目標」、「目的」、「意義」曝光之前，它會先按部就班地造就出所有適合的能力。——從這方面來看，我的人生眞的是充滿奇蹟。重新評價所有的評價，這個任務所需要的能力，也許多過於前人的能力總合，尤其我的能力與能力之間雖然彼此衝突，卻又不會互相干擾或是相互毀滅。能力的優先順序；距離；彼此分開卻不會相互爲敵的技巧；既不混淆也不「和解」；具有龐大的多樣性，卻又完全不至於混亂——這些先決條件都是我的本能長久以來暗自運作的結果，也是它的藝術性所在。我想都沒有想過自己的體內會蘊釀出什麼，——某天，我的能力突然就全部成熟了，臻至完美地蹦了出來。在這件事情上，明顯可以看得出本能對我的加倍眷顧。我沒有印象自己曾經做過什麼努力，——在我的生命中，也看不出任何一點奮鬥的痕跡，我和英雄的性格相去太遠。「想要」什麼、「爭取」什麼、緊盯著「目的」或「願望」——我從來不曾這麼做過。在這一刻，我看向我的未來——一個寬廣的未來！——就像一片平靜的海面：絲毫沒有捲起半點欲念。我完全不想要現況有任何改變；我自己也不想要改變任何現況。但是我的人生卻一直在改變。我不曾有過任何心願。居然會有人在過了四十四個歲月之後，還可以說自己從來沒有爲了名譽、女人、金錢做過什麼努力！——但是我也從來不曾缺過什麼……

例如：某天，我就成了大學教授，——我以前完全不曾想過自己會變成大學教授，因爲我那個時候才剛滿二十四歲。又例如：某天，我就成了語文學家，而且還提早了兩年：我的第一篇文學論文[57]，我的一切起點，被我的老師里奇[58]要去刊登在他的《萊茵博物館》[59]裡面（里奇——我要尊敬地說——他是我到目前爲止唯一看過的天才學者。他有我們圖林根人特有的墮落，讓人倍感身心舒暢，如果帶有這種墮落，就連德國人也會變得討喜：——爲了探究眞理，我們甚至偏好鮮爲人知的祕徑。雖然我這麼說，但我完全無意看不起我最親近

57 譯註：指《泰奧格尼斯箴言集》。

58 譯註：Friedrich Ritschl（一八〇六—一八七六），德意志古文學家。

59 譯註：Rheinrisches Museum，德意志語文學期刊，從一八二七年發行迄今，里奇於一八四二年至一八六九年擔任主編。

的同鄉，那位聰明的里奧波德・馮・朗克[60]……）

# 拾

寫到這裡，我不得不考慮一件大事。一定有人會問我，我到底爲什麼要說這些從傳統標準來看根本無關緊要的小事；他們會說我這是在傷害自己，更何況我還註定要代表偉大的使命。答案：這些小事——飲食、地方、氣候、休養、自私的詭辯——比所有大家迄今爲止認爲重要的東西還要重要，遠遠超過各種概念所及。而這正是必須開始重新學習的地方。人類自古以來認眞考量過的一切，從來就不是貨眞價實的東西，都只是想像，說得嚴重一點，都只是謊言，出自病態、甚至有害的性格特有的劣質本能——「上帝」、「靈魂」、「美德」、「罪」、「來世」、「眞理」、「永生」，這些概念全都是謊言……但是大家卻在這些概念裡尋找人性的偉大，尋找它的「神性」所在……政治的問題、社會制度的問題、教育的問題，全部都在造假，而且造假得很徹底，因爲大家都把最有害的那些人當作大人物來看待，——因爲大家都在教人要藐視「小」事，也就

60 譯註：Leopold von Ranke（一七九五—一八八六），德意志著名歷史學家，和尼采同爲圖林根人。

是說，大家都在教人要藐視生命本身的基本事務……

我們當今的文化簡直怪到了極點……

德國皇帝和教宗串聯一氣，弄得好像與世俗生活誓不兩立的代表不是教宗……

今日所建造的，將在三年內不復存在。——先不去談論隨我而來的會是什麼，可能是一場顛覆，或是一場無與倫比的建造，如果我用自己的能力來衡量自己，那麼我比任何凡人都有權利使用偉大這兩個字。如果我拿大家景仰迄今的先賢來和自己做比較，那麼其中的差別簡直顯而易見。我永遠不會把所謂的「先賢」算作人類，——對我來說，他們是人類的瑕疵品，是由疾病和報復的本能所造成的畸形兒：他們是只會帶來不幸的非人類，對生命展開報復，而且根本無藥可醫……

我想當一個與他們相反的人：我的優勢在於，我會用最開放的心態看待所有健康的本能。我的身上沒有半點病態的跡象；就算生重病，我也不曾讓人覺得我有病；在我的本質裡找不到任何狂熱的跡象。我生命的每一刻，都看不出有任何狂妄或是慷慨激昂的地方。慷慨激昂不屬於偉大的一部分；需要態度的人都是假的……

要小心所有像從畫裡跑出來的人！——我覺得人生變得很輕鬆，每當它要我去完成最困難的事情，便是我感到最輕鬆的時候。這個秋天，我不間斷地做著前無古人——後無來者的大事，向我身後的數千年負起責任，如果有人曾在這七十天裡看過我，不會在我身上看出半點緊張的跡象，反而會看到我精神飽滿、心情愉快。我從來沒有吃東西吃得這麼舒服過，也沒有睡覺睡得這麼好過。——除了遊戲，我不曉得還有什麼方法可以用來與偉大的使命進行交流：遊戲是偉大的表徵，是主要的先決條件之一。任何一點強迫、陰鬱的神情、生硬的喉音，這些全都是駁斥一個人的行爲，尤其是針對他的作品……

人不能有神經……

受孤單所苦也是一種駁斥，——我從來都只有受「熱鬧」所苦……

七歲的時候，雖然早得有些荒謬，但是我那個時候就已經知道了，不會有任何人類的話語可以對我造成影響：有誰曾經看過我因爲別人的話而感到悶悶不樂？——時至今日，我對每個人都還是同樣友善，對下面的人而言，我本人處處都值得表揚：最主要的原因是我沒有半點高傲，也沒有暗自瞧不起人。我如果瞧不起誰，那個人一定猜得出我在鄙視他：光是我的存在就已經激怒所有體內流著壞血的人……

如果要用一句話來表達人類的偉大，那就是對命運的愛：除了當下，什麼都不想要，不想要未來，不想要過去，也不想要永永遠遠。不要單純承受著必然，更不要隱瞞它的存在——所有理想主義都在藉著謊言掩蓋必然的事情——，而是要愛它……

# 爲什麼我要寫那麼好的書

## 壹

我是其一，我的著作就是其二。——在談論我的著作之前，在這裡會先碰到一個問題，那就是這些著作會被理解，還是不會被理解。我會說得隨便一點，這樣比較適合現在的情況：因爲現在還完全不是問這個問題的時候。我自己還不是時候，而有些人則會在我死後才出生。——將來有一天，人們會需要一些機構，不只在裡面生活，也會在裡面教導我對生活與教導的理解；也許甚至還會設立專門的教職來教人怎麼詮釋《查拉圖斯特拉》。但是，如果我現在就已經期待有耳朵和雙手能夠理解我的眞理，這樣就完全違背了我自己的看法：現在的人不會聽、不會知道要從我這裡獲得什麼道理，這是可以理解的，我自己也覺得這樣是對的。我不想被人搞混，——連帶地，我也不會自我混淆。——再說一次，在我的人生裡找不到任何一點「惡意」；在文獻方面，我也幾乎不知道有什麼「惡意」可言。但是純然的愚蠢卻太多了……

我覺得，一個人能獲得的稀有獎章之一，就是手裡拿著一本我的書，——我想，他會爲此把鞋子脫了，——靴子就別說了……

有一次，海因里希•馮•史坦博士誠實地抱怨看不懂我的《查拉圖斯特拉》，我告訴他，這是正常的：只要能理解裡面的六句話，意思是：只要體會過裡面的六句話，就已經能讓凡人的境界超越「現代」人所能到達的境界。帶著這種距離感，我怎麼能期望自己的作品會被我所認識的「現代人」——讀過！——我的勝利正好和叔本華相反，——我會說「non legor, non legar」（譯註：沒有人讀我，將來也不會有人來讀我）。[1]——別人對我的著作說「不」的時候，好幾次，他們的無辜都帶給我不少樂趣，我不想低估這種樂趣。這個夏天，正當我準備用我的重磅、太過重磅的文獻讓其他文獻站不住腳的時候，有位柏林大學的教授好意地暗示我應該使用另一種形式：不然不會有人會去讀這種東西。——畢竟那裡不是德國，而是曾經出過兩個極端案例的瑞士。一個是維德曼博士[2]刊在《聯邦》[3]的一篇論文，關於《善與惡的彼岸》，標題是《尼采的危險之書》，另一個是卡爾•許彼特勒[4]針對我的著作所做的綜合報導，一樣刊在《聯邦》，這兩篇文章就是我人生的顛峰了——我要小心，所以就不說是什麼巔峰了……

舉例來說，後者把我的《查拉圖斯特拉》看作是「高級的風格練習」，他希望我以後也能多顧及內容；維德曼博士則說我的勇氣可嘉，因爲我致力廢除所有不會冒犯到別人的感覺。——因爲偶然的捉弄，這些人說的每一句話都是顛倒的眞理，而且邏輯還前後連貫到讓

1 譯註：尼采改寫自叔本華在《關於自然中的意志》的前言裡寫下的「legor et legar」。
2 譯註：Joseph Victor Widmann（一八四二—一九一一），瑞士作家。
3 譯註：Der Bund，瑞士報刊，從一八五〇年發行迄今。
4 譯註：Carl Spitteler（一八四五—一九二四），瑞士作家。

我感到驚訝：其實什麼都不用做，只要「重新評價所有的評價」，就能用一種甚至值得關注的方式一針見血地評論我——而不是直接拿針來刺我……

我還在試圖對這件事做進一步的解釋。——畢竟，除了自己已經知道的事物，沒有人能找到更多東西，包括書也是一樣。因爲經歷的有限，不得其門而入，也就聽不見宗廟之美。我們來想像一個極端的案例：有一本書談論的經歷完全超出尋常經驗或是座落在較少見的經驗之外，——說出一系列全新經驗的全新語言。在這個案例中，一般人就是聽不見任何東西，而且還會有聽力方面的錯覺，以爲聽不見任何東西的地方，就不會有任何東西存在……

這畢竟是我的平均經驗，如果硬要說的話，這是我的原創經驗。如果有人自以爲懂我在說什麼，他其實是在按照自己的想像幫我預設立場，——而且還常常和我的立場相反，例如說我是「理想主義者」；至於完全不懂我在說什麼的人，會否認自己曾經關注過我。——「超人」這個字指稱的是一種至高無上的成功，和「現代」人相反、和「好」人相反、和基督徒相反、和其他虛無主義者相反——在查拉圖斯特拉這位道德毀滅者的口中，「超人」這個字成了一個非常發人省思的字眼，但幾乎處處都被極其無辜地理解成另一種價值，與查拉圖斯特拉的形象完全相反，也就是說，超人被理解成是高等人的「理想」類型、一半「聖人」，一半「天才」……

其他博學多聞的笨蛋則自顧自地懷疑我是達爾文主義者；甚至還有人提到我最深惡痛絕

的「英雄崇拜」，也就是克萊爾[5]的理論，他是一位違反知識與意志的異端分子。如果我在誰的耳邊說悄悄話，告訴他應該要去尋求切薩雷・波吉亞[6]，而不要去找帕西法爾[7]，他一定不敢相信自己的耳朵。——大家要原諒我，我完全不好奇自己的著作被評論成什麼樣子，尤其是報刊裡的評論。我的朋友和出版社都知道這件事，也不會向我提起什麼評論。在一個特別的情況下，我曾經一次看盡所有能對一本書——我的那本《善與惡的彼岸》——所犯下的各種罪行；我應該要對這件事情做一個友善報導才對。難道我們有可能會相信，《國家報》[8]——幫我的外國讀者註明一下，這是一份普魯士的報紙，而我，不好意思，我個人只讀《辯論報》[9]——他們認眞知道要把這本書理解成「時代的象徵」嗎？他們眞

5 譯註：Thomas Carlyle（一七九五—一八八一），蘇格蘭作家，著有《論英雄與英雄崇拜》。
6 譯註：Cesare Borgia（一四七五—一五〇七），教宗國軍事統帥，以冷酷的權謀聞名於後世。
7 譯註：Parsifal，德意志中古世紀詩人沃夫朗（Wolfram von Eschenbach）筆下的人物與同名小說，後被華格納改寫爲歌劇《帕西法爾》。
8 譯註：National-Zeitung，一八四八至一九三八發行的德國報刊。
9 譯註：Journal des débats，一七八九年至一九四四年發行的法國報刊。

的會把這本書理解成眞眞正正的容克哲學[10]嗎?連《十字報》[11]都沒有勇氣這麼做了……

## 貳

這是爲德國人說的：因爲我的讀者們散居各處——而且全都是選召出來的知識分子，都是見過大風大浪、在高位歷練過的人物；在我的讀者當中，甚至還有幾位眞正的天才。在維也納[12]、聖彼得堡[13]、斯德哥爾摩[14]、哥本哈根[15]、巴黎、紐約[16]——到處都有人發現我的存在：我在歐洲平原的德國卻不爲人知……

---

10 譯註：評論家Paul Michaelis（一八六三—一九三四）在《國家報》稱尼采是容克貴族在哲學界的代表。十九世紀普魯士的容克貴族指的是在易北河以東領有土地的貴族地主，在政經方面具有決定性的影響力，被視爲是保守派的代表之一。

11 譯註：Kreuzzeitung，一八四八年至一九三九年發行的德國報刊，初期正式名稱爲《新普普士報》。

12 譯註：Wien，爲當時奧匈帝國首都。

13 譯註：St. Petersburg，爲當時俄羅斯帝國首都。

14 譯註：Stockholm，瑞典王國首都。

15 譯註：Kopenhagen，丹麥王國首都。

16 譯註：New York，十九世紀下半葉來自歐洲的移民者眾，爲當時發展快速的美國大都會。

我承認，我更高興有人不是我的讀者，他們不曾聽過我的名字，也不曾聽過「哲學」這兩個字；但是，無論我去到哪裡，例如：來到都靈這裡，每個人看到我都興高采烈、滿心歡喜。市場裡賣水果的婆婆們非得要挑出她們最甜的葡萄來給我，否則不善罷干休，這是我有史以來受過的最大恭維。哲學家就是要當到這種地步……

波蘭人不是平白無故被稱爲斯拉夫人裡的法國人的。有魅力的俄國女人從來不會搞錯我該去的地方。我沒有成功變得莊嚴隆重，頂多就只是尷尬地裝裝樣子……

用德國人的方式思考、用德國人的方式感受——我什麼都會，唯獨這件事超出了我的能力範圍……

我的老老師里奇甚至還曾經宣稱，我連構思哲學論文的方式都像巴黎的小說家——既荒謬又刺激。但是巴黎人反而對「我的膽大心細」感到驚訝——這是泰納先生說的；——大家恐怕會發現我的作品裡到處都摻著那種不會變笨——不會變「德意志」——的鹽巴，也就是機敏……

別的我就不會了。上帝幫幫我！阿門。——我們大家都知道什麼叫做長耳朵的驢子，有些人甚至還曾親身經歷過。好吧，我敢保證，我的耳朵是最小的。這件事引起不少女生的興趣——，她們好像覺得我比較懂她們？……

我是最棒的敵驢子，所以我也是屬世的大怪獸，——用希臘文來說，也不是只有希臘文這麼說，我就是敵基督……

## 參

我知道身爲作家有一些優勢；有些個案也向我證明了，一旦習慣我的著作，品味就會受到「敗壞」。就是沒有辦法再忍受其他人的書，尤其是哲學著作。進入這個高尚又有品味的世界是一種無與倫比的榮耀，——爲了得到這個榮耀，大家一定不能是德國人；畢竟這是一生一定要得過一次的榮耀。如果有人的意念高度和我相近，就會在閱讀的時候經歷學習的眞正銷魂之處：因爲我來自飛鳥也飛不到的高處，我也通曉尚未有人涉足而迷失的深淵。曾經有人跟我說，要把我的書從手上放下來是一件不可能的事，——我甚至會讓人在夜裡失眠……

不會再有其他更驕傲、同時又打造得更加精密的書了：——無論在哪裡，我的書都可以達到這個世上的最高境界，也就是犬儒主義；無論是最纖細的手指，還是最勇敢的拳頭，都必須把這些書占爲己有。靈魂的各種脆弱會把人隔絕在我的著作之外，只要有過一次，下次就沒機會了，甚至各種消化不良也是如此：神經必須夠大條，必須要有快樂的下體。隱藏在靈魂角落裡的濁氣和貧瘠會把人排除在我的著作之外，五臟六腑裡面的怯懦、不潔、懷恨在心更是如此：我的一句話就能打臉所有的壞本能。很多我認識的人都是我的實驗對象，我在他們身上品嘗我的著作引發的各種反應，非常具有啟發性。如果有人不想和書裡面的內容有所瓜葛，例如：所謂的朋友們，他們就會變得「沒有人格」：祝我「更上一層樓」，——如果語調能說得再開心一點，那也算是一種進步了……

那些完全沒有道德的「人物」、那些「美麗的靈魂」[17]、那些徹頭徹尾的騙子，他們完全不知道該拿我的書怎麼辦，——所以他們就小看了這些書，這是所有「美麗的靈魂」的美麗邏輯。我認識的人裡面有隻驢子，不好意思，她是個德國女人，她告訴我，大家不會永遠都和我的看法取得一致，但偶爾還是會有一致的時候，舉例來說……

我親耳聽見有人這樣談論《查拉圖斯特拉》……

對我來說，人類和男人心裡的每個「女性因子」同樣也都讓人走不出閨門：永遠走不進大膽知識的迷宮。永遠不能對自己太好，必須行事剛硬，才能在艱難的眞理當中保持愉快的好心情。如果要我想像完美讀者的模樣，我想到的會是充滿勇氣與好奇心的怪物，除此之外，還帶有一些彈性、一些慧黠、一些謹愼，他們會是天生的探險家與發現者。最後：這些話，我其實只想說給某些人聽，但是我不知道該怎麼表達，查拉圖斯特拉說得更好：他只想把謎題告訴某些人。是誰？

是你們，無所畏懼的尋求者，試探者，還有你們，曾經揚起慧黠的帆，航
向令人恐懼的大海，——

17 譯註：Schöne Seele，十八世紀蔚爲流行的概念，特指能夠和諧調節情緒與道德之間平衡的人。

是你們，醉心於謎題之人，愛好朦朧之人，你們的靈魂受到笛聲誘惑，進到了那迷途的深淵：——因爲你們不想用怯懦的雙手慢慢摸索；猜得出來的那些部分，你們就不愛去開拓了……

## 肆

我同時要對自己的風格藝術做個概述。透過符號，包括符號的節奏，將一種狀態傳達出來，傳達出慷慨激昂的情緒內部產生的緊張衝突——這就是風格的意義；由於我的內在狀態極其多變，所以我有許多各種可能的風格——我有人類史上最多變的風格藝術。好的風格是能夠眞的傳達出一種內在狀態的風格，不會選錯符號，不會選錯符號的節奏，也不會選錯神韻——所有套疊長句的法則都是神韻的藝術。在這方面，我的本能是不會錯的。——好的風格自身——這是純然的愚蠢，純粹的「理想主義」，比方說「美自身」、「善自身」、「物自身」……

一直以來，前提都是要有耳朵能聽自己說話——要有能力擁有、並且配得同樣慷慨激昂的聽眾，要不缺乏可以傾吐的對象。——例如：我的《查拉圖斯特拉》目前也還在尋找這樣的人——唉！他還得找很久！——必須要找到有人配得聽他說話……

在那之前，不會有人能懂我在這裡揮霍的藝術是什麼：從來不曾有人比我更需要揮霍全新的、前所未聞的、眞正爲此創造的藝術方式。這種藝術是否一定要放在德文裡面才可能實現，還有待證實：如果是以前的我，應該會堅決否認這件事。在我之前，沒有人知道能用德文做什麼，——也根本沒有人知道能用語言做什麼。——偉大的節奏藝術，偉大的風格，用層層套疊的方式把細膩又超人的熱情澎湃表達出來，這是我先發明的；一首酒神讚歌，如同《查拉圖斯特拉》第三部裡最後那首《七個印記》，我已經遠遠高過自古以來所有叫作文學的東西，高過數千哩之遠。

## 伍

——在我的著作裡，有一位無與倫比的心理學家在講話，這也許是一位好讀者能看得出來的第一件事情——而這就是我應得的讀者，他讀我的書，彷彿就像優秀的老語文學家讀賀拉斯[18]那樣。那些受到普世認同的定理，就更別提那些平凡的哲學家、道德學家、腦袋空

18 譯註：Horaz（西元前六十五—六十八），古羅馬詩人。

空的笨蛋、還有菜頭們提出來的定理了——我覺得那些定理全都搞錯了方向，都太過於天眞：舉例來說，有人認爲「無私」和「自私」是相對的概念，然而ego（譯註：自我）本身只是一種「高級詐欺」、一種「理想」而已……

既沒有自私的行爲，也沒有無私的行爲：這兩個概念在心理學上是講不通的。或像是「人人都會爭取幸福」……

或「幸福是美德的報酬」……

或「有興趣和沒興趣是相對的概念」……

道德是人類的瑟西女妖，徹徹底底捏造了所有心理狀態——把它們都道德化了——直到駭人聽聞的地步，居然瞎說「愛」就應該要「無私」……

大家必須緊緊保守自己，必須勇敢地自立自強，否則就沒有辦法愛人。畢竟連小女人都清楚得很：鬼才有辦法在完全沒有主見的無私男人身上得到什麼……

我是否可以大膽推測自己很懂這些小女人呢？這也是我從酒神那裡得來的嫁妝。誰曉得呢？搞不好我是第一個專門研究永恆女性的心理學家。她們全部都很愛我——這早就不是什麼新聞了：除了不幸「解放的」小女人以外，她們缺乏生孩子的能力。——還好我不願意讓人撕成碎片：如果完美的女人愛上一個人，她就會把對方撕碎……

我很了解這些可愛的酒神狂女……

唉呀，從地底下偷偷來，多麼危險的小型掠食動物！而且又那麼讓人覺得身心舒暢！……

一心想要報復的小女人，應該會不小心一頭撞上命運。——女人說不出的壞，比男人要壞得多，也聰明得多；女人身上的好，則已然是一種退化……

所謂的「美麗的靈魂」，骨子裡全都帶著心理方面的弊病，——我就不把話說完了，不然就快要變成醫學嘲諷了。爭取平權是一種疾病的症狀：每位醫生都知道這件事情。——女人本來就是手腳並用地抵抗各種權利，而且愈是女人，愈是如此：兩性之間的永恆戰爭本來就是一種自然狀態，而且也給了女人最崇高的地位。——大家聽我說過愛情的定義嗎？愛情是哲學家唯一值得研究的事情。愛——愛的方法是戰爭，愛的本質是兩性之間的相恨至死。——對於要如何治療——「救贖」女人，大家有聽過我的回答嗎？給她弄個孩子就好了。女人需要孩子，男人永遠都只是工具：查拉圖斯特拉如是說。——「女性解放」——這是那些失敗的女人、也就是無法生育的女人在本能上對於成功女人的怨恨，——她們和「男人」的戰爭只不過是工具、藉口、手段。她們提升自己，成為「女自身」、「更高等的女人」、女人的「理想主義者」，反而因此讓女人全面降格了；尤其是在高中受教的權利、穿褲子的權利、參與政治投票部隊的權利。其實，在永恆女性的世界中，解放後的女人是無政府主義者、不受重視的人，她們最底層的本能就是報復……

最惡毒的「理想主義」——順帶一提，男人也是一樣，例如：亨里克・易卜生[19]這位典型的老處女——這種理想主義的目標就是要毒害人的良心以及性愛的天性……

我在這方面的思想既正派又嚴格，爲了不讓人對此有所懷疑，我想要告訴你們一個定理，出自於我用來對抗不道德行爲的道德法典：不道德行爲這個詞，我用來指責的是各種違背自然本性的事情，或是說，如果大家喜歡漂亮一點的說法，我指責的就是理想主義。而這個定理就是：「貞潔的布道全都是在公開煽動人要違背自己的自然本性。對性生活的各種鄙視、用『不純潔』的概念將性生活各種汙名化，這件事本身就是傷害生命的罪行，——眞正干犯生命聖靈的罪。」——

## 陸

我是心理學家。爲了讓大家清楚理解這個概念，我從《善與惡的彼岸》裡面擷取一段心理學的奇聞異事出來，——順帶一提，我禁止任何人去揣測我寫的是誰。「那位偉大的隱藏人物是一位通曉人心的天才，他是試探者之神、蠱惑良心的天生好手，他的聲音知道要怎麼

---

19 譯註：Henrik Ibsen（一八二八—一九〇六），挪威劇作家。

通達每個靈魂的幽冥之處，他的話語和目光之間無處不帶著誘惑的婉轉與深意，他也精通表現之道——而且表現出來的並不是他原本的模樣，而是爲了要讓追隨他的人心裡感到更加窘迫，巴不得更加向他靠攏，並且更加眞心、更加死心塌地地追隨著他……

通曉人心的天才，他讓所有吵雜和自滿的人安靜無聲，他教導他們如何傾聽，他撫平粗暴的靈魂，讓他們品嚐另一種新的渴望，——渴望平靜地躺著，像一面鏡子，讓深邃的天空倒映在鏡面之上……

通曉人心的天才，他教導笨拙又躁進的手要緩一緩、要再拿捏得更秀氣一點；他能猜出遺世的藏身之處，猜出深埋在厚冰之下的一滴良善和甜美的才智，他是一把道金杖[20]，能夠將寶藏禁錮在爛泥與沙堆之中的金粒探尋出來……

通曉人心的天才，他觸碰了誰，誰在往後的日子就會變得更加富有，不是赦免，也不是驚喜，不像陌生的財富給予的幸福與沉重，而是自身變得更加富有，更新了自己的生命，踏上新的旅途，在融雪的微風吹拂之下表露眞心，也許更加惶恐、更加纖細、更加易碎又更加破裂，但是充滿未知的希望，充滿新的意望與湧流，充滿新的不滿與回流……」

---

20 譯註：Wünschelrute，古時用來感應地下水脈或礦脈的Y型棍杖。

# 《悲劇的誕生》

# 壹

爲了公正地對待《悲劇的誕生》（一八七二），大家必須先忘記一些事情。它的效力、甚至是吸引人的地方，都來自與它無關的事情——因爲它被應用在華格納的事業，弄得好像華格納從事的事情是一個新興的徵兆。這本著作在華格納的生命裡也是一件大事：至此，華格納的名字才開始有了偉大的希望。時至今日，也許《帕西法爾》看到一半，還會有人來提醒我，這場運動的文化價值之所以能得到一個那麼高的評價，其實都是我的錯。——我發現這本書有好幾次都被說成是《悲劇從音樂精神的再生》[1]：大家只想聽聽看有什麼新的說法可以用來解讀華格納的使命、藝術、與企圖，——所以都忽略了這本書其實藏著寶貴的東西。「希臘人與悲觀主義」：如果是這個標題的話，也許比較不會讓人產生誤解：因爲這是有史以來第一本談論希臘人如何終結悲觀主義的教科書，——他們如何戰勝悲觀主義……

悲劇正好證明了希臘人不是悲觀主義者：在這一方面，叔本華弄錯了，就像他什麼事情都弄錯了一樣。——說得中立一點，《悲劇的誕生》看起來很不符合時宜：大家可能做夢

1 譯註：《悲劇的誕生》全名爲《悲劇從音樂精神的誕生》。

也沒有想到，這本書起源於那場播聲震天的沃爾特會戰。[2]在幾個寒冷的九月夜裡，我在梅斯[3]的城牆前，一邊照顧傷患，一邊把種種問題從頭到尾想了一遍；大家可能到現在才肯相信，這本書已經五十歲了。這本書對政治冷感——這種行爲如今會被說成是「不德意志」——它帶有令人反感的黑格爾味道，只是在一些措辭上稍微有一點叔本華的報喪香。它把一個「想法」——酒神狄奧尼修斯與太陽神阿波羅之間的對立——改寫成形上學的形式；把歷史本身看作是這個「想法」的發展；讓這個對立在悲劇裡提升爲一體；放在合一的透鏡下，把彼此從未當面見過的兩者擺在一起加以比較、加以對照、然後加以理解……

例如：歌劇與革命……

這本書的兩個關鍵創新之處，一個在於理解希臘人的酒神現象：它是有史以來第一個研究這種現象的心理學，並且在這個現象裡看到整個希臘藝術的根源之一。另一個則在於理解蘇格拉底主義：它是人類有史以來第一次認識蘇格拉底就是造成希臘瓦解的工具，典型的頹廢派。「明理」vs.本能。無論如何，「明理」都是危險的暴力，會讓人葬送生命！——這本書絕口不提基督教。基督教既不屬太陽神，也不屬酒神；它還否定了所有美學的價

---

2 譯註：一八七〇德法戰爭在亞爾薩斯地區的沃爾特（Wörth）附近進行的一場會戰，由德意志聯軍獲勝。

3 譯註：Metz，法國東北部城市。

值——美學是《悲劇的誕生》唯一承認的價值：從最深層的意義來看，基督教是一種虛無主義，反而要在酒神的象徵裡，對於生命的肯定才能達到最大值。書裡有一個段落把基督教教士影射成「陰險的侏儒」、「地下的生物」……

## 貳

這個開頭非常奇怪。我發現了唯一一個可以用來比喻歷史的相對概念，這給了我一個最深刻的經驗，——我也因此成爲史上第一個理解酒神的奇妙現象的人。同樣地，我也是有史以來第一個認識蘇格拉底是頹廢派的人，從我對道德的異常反感來看，這件事徹底證明了我對心理學的掌握有多麼萬無一失：——我創新的地方就在於把道德本身看作是一種頹廢的症狀，這是知識史上最上乘的獨道之處。憑著這兩項創新，我遠遠跳脫了那些可憐的笨蛋不斷談論的「樂觀主義vs.悲觀主義」！——我是最先看見眞正的對立的人：——對立的一方是變質的本能，利用藏在地底下的報復心態來違抗生命（——基督教、叔本華的哲學都是如此，在某種意義上，柏拉圖的哲學也是如此，而最典型的則是整個理想主義），對立的另一方則來自豐盛的最高肯定，毫無保留地說「好」，甚至肯定痛苦、肯定罪愆、肯定一切屬於存在的可疑之處與陌生的事物……

這個對於生命的終極肯定，最是快樂、最爲縱情奔放，它不僅是最高的認識，也是最深的參透，而且還受到眞理和科學的嚴格證實與維護。它不會撇除任何存在的事物，也不帶有任何多餘的東西——各種受到基督徒和其他虛無主義者摒棄的存在，其價值等級遠高過頹廢本能可以同意並加以稱道的那些。要理解這件事情，必須要有勇氣，而勇氣的條件則是滿到多出來的力量：因爲，力量的大小決定勇氣得以向前邁進多少，而勇氣向前邁進了多少，人就愈接近眞理多少。認識現實世界、肯定現實世界，這件事對於強者的必要性，就像弱者必然會因爲軟弱的靈感而感到怯懦，然後逃離現實——「理想」……

頹廢派沒有認識的自由：他們需要謊言，這是他們得以存續的條件之一。——如果有人不僅能理解「酒神」兩個字，而且還能用「酒神」來理解自己，那麼他就不需要去反駁柏拉圖、基督教、或是叔本華了——他光是用聞的就聞得到腐爛的氣息……

## 參

我對「悲」這個概念的理解到什麼程度，我對於悲劇心理學的最終認識是什麼，這些問題，我之前在《諸神的黃昏》（頁一三九）就已經向大家展示過了。「向生命說『好』，即使處在最陌生和最困難的問題當中，也依然如此；生存意志，就算必須犧牲自身最高形式的生生不息，也依然樂此不疲——這就是我所謂的酒神，我將此視爲通往悲劇詩人心理學的橋梁。不是爲了擺脫恐懼與同情，不是爲了用猛烈的釋放洗滌掉自身的危險情緒——這是亞理斯多德[4]的誤解：而是爲了超越恐懼與同情，爲了讓自己成為生化不息的樂趣，而這個樂趣當中也包含著毀滅的樂趣……」

在這層意義上，我的確有權利把自己理解爲史上第一個悲劇哲學家——也就是悲觀主義哲學的極端對立與對蹠點。在我之前，不曾有人把酒神的概念轉化成哲學的慷慨激昂：因爲他們都缺少了悲劇的智慧，——就算是在蘇格拉底之前的兩個世紀，我也沒辦法在偉大的希臘哲人身上找到半點具有悲劇智慧的跡象。對於赫拉克利特[5]，我還是有一點沒把握，只要在他身邊，我的心情就是比在其他地方暖和。對消逝與毀滅表示肯定、酒神哲學的關鍵、對對立與戰爭表示肯定、生生化化、甚至激進地反對「在」的概念——也許，我無論如何都必須承認，這是目前爲止最與我相近的想法。「永恆回歸」，意思是所有的事物都會無條件地永恆回歸——赫拉克利特可能也教過查拉圖斯特拉的這個學說。至少，在斯多葛主義裡面看得出一些永恆回歸的想法，而幾乎所有基本的斯多葛想像都承襲自赫拉克利特。——

4 譯註：Aristoteles（西元前三八四—三二二），希臘哲學家，曾在《詩學》裡論述悲劇理論。

5 譯註：Heraklit（西元前五二〇—四六〇），希臘哲學家。

## 肆

這本著作道出了一個非比尋常的希望。畢竟我沒有理由改口要求大家不要奢望會有一個擁有酒神未來的音樂。我們要把目光放在一個世紀之後，我們要假設我會戰勝兩個世紀以來違背自然與褻瀆人性的攻擊。生命的新派別會承接起最偉大的使命，培育更高級的人類，包括毫不留情地毀滅所有的變質和寄生蟲，生命的過度豐盛會因而得以再次實現在這個世上，酒神的狀態也必定會再次出現。我承諾會有一個悲劇時代：如果人類能度過最爲艱難、但是也最爲必要的戰爭意識，而且沒有受其所苦，那麼悲劇將會重生，也就是那個肯定生命的上乘藝術……

心理學家大概還會補充說明，我年輕的時候在華格納音樂裡所聽到的，根本就和華格納沒有關係；當我描述酒神的音樂，我描述的是自己曾經聽過的東西，——我的本能必定會把所有東西重新轉化成蘊含在我體內的精神。最強而有力的證明就是我的著作《在拜魯特的華格納》：在所有心理學的關鍵段落裡，我都只有談到我自己，——文章裡講到華格納這三個字的地方，都可以毫不猶豫地放上我的名字，或是查拉圖斯特拉的名字。酒神讚歌藝術家的整體形象就是查拉圖斯特拉的詩人形象，在世界以先就已經存在了，這個形象的刻劃很深，絲毫沒有觸及華格納的現實世界。華格納自己也知道；他在這本著作裡找不到他自己。——同樣地，只要能讀懂我的《查拉圖斯特拉》，就不會覺得《拜魯特思想》像是謎一般的概念：在那個偉大的正午時分，所有受選召的菁英都會獻身給最偉大的使命——誰曉得呢？這是一場慶典的異象，總有一天我會經歷的……

前幾頁的慷慨激昂是屬世的；第七頁提到的目光才是查拉圖斯特拉眞正的目光；華格納、拜魯特、還有整個小不拉嘰的德意志，這些都是浮雲，倒映著未來一望無際的海市蜃樓。甚至從心理學的觀點來看，我自己的天性以及所有的關鍵特徵都被記載到華格納身上去了——同時並存著最光明與最不幸的力量、史無前例的權力意志、在精神方面義無反顧的勇敢、無限的學習力、而且不會因此壓迫到行動的意志。這本著作的一切都在事先預告：希臘精神的回歸已經近了，反對亞歷山大[6]的人必然出現，要來重新結起希臘文化被解開的戈耳狄俄斯之結[7]……

大家去聽一下我在第三十頁概述「悲劇信念」的時候用的屬世口吻：在這本著作裡，有許多不折不扣的屬世口吻。這是天底下最不尋常的「客觀性」：我絕對確信自己是什麼，並將這個確信投射到某個偶然的現實世界，——關於我，眞相來自恐怖的深淵。第七十一頁預先採用了查拉圖斯特拉的風格，用深刻而肯定的手法加以描述；除了第四十三到四十六

---

6 譯註：Alexander der Große（西元前三五六—三二三），馬其頓國王。

7 譯註：傳說亞歷山大大帝在前往征服波斯的路上，遇到號稱無法解開的戈耳狄俄斯之結（Gordischer Knoten），於是順手舉起劍，將此結一刀兩斷。

頁，再也找不到更偉大的方式來表達查拉圖斯特拉的大事件，也就是他淨化人類、並且視聖人類的非凡行動。

# 《不合時宜的》

# 壹

《不合時宜的》四篇文章全然都是戰鬥風格。這四篇文章證明了我不是「愛做夢的漢斯」，也證明我很樂意拔劍，——也許還證明我的手腕沒有受到拘束、十分危險。第一波攻擊（一八七三年）的目標是德國的教育，在那個時候，我已經毫不留情地鄙視著德國的教育。沒有意義、沒有實體、沒有目標：只不過是一種「公開的意見」。有人相信，在某個程度上，德國人在武器方面的成功證明了這種教育的可取之處——甚至還證明它能夠戰勝法國。這大概是最歹毒的誤解了……

第二篇《不合時宜》（一八七四年）揭露了我們這種科學產業的危險之處、以及它對生命的啃蝕與毒害：——讓生命致病的就是這種蔑巇人性的齒輪裝置與機械裝置，工人沒了人格，「分工」的錯誤經濟模式。失去了目的，失去了文化：——現代科學產業的這種方式正在進行野蠻化……

上面那篇論文是有史以來第一次把這個世紀自豪的「歷史意義」看作是一種疾病、一種典型的墮落跡象：——而第三篇和第四篇《不合時宜》則指向更高級的文化概念，並且恢復「文化」的概念，豎立起自私自利和自我調教兩種最激烈的形象、最不合時宜的兩個類型，唯我獨尊地鄙視著周圍叫作「帝國」、「教育」、「基督教」、「俾斯麥」、「成功」的種種事物，——叔本華與華格納，或一言以蔽之，尼采……

# 貳

在這四波攻擊行動中，第一波攻擊獲得了非凡的成功。從各種意義來看，它所引起的喧囂都呈現出華美絕倫的結果。我擊中了這個常勝民族的痛處，——他們的勝利並不是一場文化盛事，也許、也許是完全不一樣的東西……

從四面八方而來的回應都有，完全不只來自大衛•史特勞斯的老朋友。我把史特勞斯笑稱爲德國典型的學識庸人，一付志得意滿的樣子，啤酒椅福音《舊信仰與新信仰》的作者（——德文裡「學識庸人」這個字出自我的著作）。史特勞斯的這些老朋友們覺得我傷到了他們身爲符騰堡人和施瓦本人[1]的感情，說我居然覺得他們的奇獸史特勞斯長得很好笑，所以他們用正直又粗魯的方式回應我，滿符合我對他們的期待；從普魯士來的反駁就聰明多了，——含有更多的「柏林藍」[2]。最不入流的回應則來自一份萊比錫的報紙，也就是聲名狼藉的《邊境信使》[3]；我費了好大的工夫，才勸憤怒的巴塞爾人不要衝動[4]。

1 譯註：Württemberg / Schwaben，兩地皆爲德國西南部地區。
2 譯註：又稱普魯士藍，爲普魯士的象徵色彩。
3 譯註：Grenzboten，一八四一到一九二二年發行的政治、文學、藝術週刊。
4 譯註：該篇評論稱尼采曾任教過的巴塞爾大學爲三流大學，以致巴塞爾大學的學者們群起寫信抗議。

只有一些老先生決定無條件地支持我，理由很複雜，甚至不明。其中一位是來自哥廷根[5]的艾華爾德[6]，他告訴大家，我的攻擊讓史特勞斯一刀斃命。同樣這麼做的還有黑格爾派的布魯諾・鮑爾[7]，從那個時候開始，他就成了最關注我的讀者之一。在他生命的最後幾年，他最愛叫別人去讀我的書，舉例來說，當普魯士的歷史學家特萊趣克[8]覺得「文化」的概念已經消失了，鮑爾便暗示他可以在誰那裡找到答案。針對這本書和這本書的作者，最長又最發人省思的見解來自符茲堡[9]的霍夫曼教授[10]，他老人家是哲學家巴德[11]的學生。他在這部著作裡預先看見了我的命定，——也就是要爲無神論的問題帶來一種危機和最終決定，他也看出我是最本能、同時也最義無反顧的典型無神論者。把我帶到叔本華那裡的正是

5 譯註：Göttingen，德國中部著名大學城。
6 譯註：Heinrich Ewald（一八〇三—一八七五），德意志神學家。
7 譯註：Bruno Bauer（一八〇九—一八八二），德意志神學家、哲學家。
8 譯註：Heinrich von Treitschke（一八三四—一八九六），德意志歷史學家。
9 譯註：Würzburg，德國法蘭肯地區城市。
10 譯註：Franz Hoffmann（一八〇四—一八八一），德意志哲學教授，巴德的出版編輯。
11 譯註：Franz von Baader（一七六五—一八四一），德意志哲學家。

無神論。——最多人聽，也最多人罵的評論則出自卡爾‧希勒布朗德[12]，素來溫和的他，異常勇敢地爲我強力說情。他是德國最後一位懷有人道精神、而且又懂得寫作的人。大家讀過他刊登在《奧格斯堡報》[13]的那篇文章；那篇文章現在被改寫成稍微謹慎一點的形式，收錄在他的著作集裡。在那篇文章裡，我的著作被描寫成一個大事件、轉捩點、第一次的自我覺醒、最好的跡象，也被視爲是德意志嚴肅和德意志熱情在精神事物裡的眞正回歸。希勒布朗德高度讚賞這部著作的形式、成熟的品味、以及將人與事區分開來的完美策略：他評價我的書是最好的德文筆戰著作，——況且筆戰的藝術對德國人而言又是那麼危險、那麼不建議去從事的行爲。希勒布朗德無條件地肯定我的著作，甚至深化我之前對德國語言的墮落所發表的大膽意見（——他們現在扮演起語言純化主義的角色，然後就造不出半條句子了——），以及我對這個國家的「一流作家」的鄙視，最後，他對我的勇氣表示讚嘆——「至高的勇氣，控訴的對象正好都是最受一個民族所喜愛的人物」……

這篇著作對我的人生造成的效應簡直無法估量。到目前爲止，沒有人來找我協商過。大家都沉默不語，在德國，大家都用一種死氣沉沉的小心謹愼來對待我：我已經用了好幾年無

12 譯註：Karl Hillebrand（一八二九—一八八四），德意志作家。

13 譯註：Augsburger Zeitung，指的是一七九八年創立，一八〇七—一八八二年在奧格斯堡發行的《奧格斯堡綜合報》（*Augsburger Allgemeine*）。

條件的言論自由，現在，至少在這個「帝國」，沒有人在言論自由方面能像我一樣得心應手。我的天堂就在「我刀劍的影子下」……

我所實踐的其實是司湯達的座右銘：他建議要用決鬥作為邁入社會的方式。而我是怎麼挑選對手的！我挑了德國第一流的自由思想家！……

事實上，在我的挑戰之下，出現了一種全新的自由思想：到目前為止，沒有什麼比整個歐美的「自由思想家」更讓我覺得陌生和疏遠。他們就像那些「現代思想」，都是無可救藥的笨蛋和插科打諢的丑角，我與這些人的齟齬甚至深過他們的任何一個對手。他們還想用自己的方式、按照自己的想像來「改善」人類，大概還會對我的存在以及我的心中所想發起誓不兩立的戰爭，假設他們懂得什麼是戰爭的話，——他們全都還相信著「理想」……

我是有史以來第一個不道德主義者——

## 參

關於那兩篇用叔本華和華格納的名字所描述的《不合時宜》，我不想宣稱它們特別適合用來理解這兩個案例，或是用來對這兩個案例進行心理學方面的提問，當然，某些個別的部分除外。舉例來說，我在寫這部著作的時候，本能上就已經很確定要把華格納的本性中最基本的元素稱為演員的天賦，他的方法與意圖都是這個天賦帶出來的結果。其實我寫這兩篇的用意和心理學研究完全不同：——無與倫比的教育問題、自私自利的全新概念、堅決的自我防衛、通往偉大和屬世使命的道路，這一切都亟待有人將其表達出來。大致來說，我抓到了兩個既出名又還沒有完全定型的典型人物，就像逮到機會一樣，用來說點什麼，用來掌握多一些見解、多一些符號、多一些表達方式。第三篇《不合時宜的》第九十三頁的最後，正是在極度敏銳地暗示這件事情。柏拉圖是這麼使用蘇格拉底的，把他當成一種柏拉圖專用的符號學。——現在，隔了一段時間再回頭去看自己當年生出這幾篇著作時的狀態，我不否認，這幾篇著作在談的其實都只有我自己。《拜魯特的華格納》是我未來的異象；《教育家叔本華》則是我最內在的歷史、我的變化。尤其是我的誓言！……

現在的我是什麼，現在的我在哪裡——在一處高地，這裡用不著話語，而是透過閃電來說話——，哎，我當年離這裡有多遠！——但是我當時就已經看到了這片土地，——關於道路、海洋、危險——**還有成功**！我不曾有半分欺騙過自己。我在承諾裡安然自得，幸福地看向未來，這個未來不會只是一場預言！——當時的每一句話都在這裡得到了應驗，既深刻又內在；最痛苦的事情也沒有少過，預言裡有些話還真的非常嗜血。但是，一陣偉大的自由之風吹跑了一切；傷口本身起不了反駁的作用。——我把哲學家理解成可怕的爆裂物，在他面前的一切都會有危險，我的「哲學家」概念遠遠不同於包含一位康德[14]在內的哲學家概

---

14 譯註：Immanuel Kant（一七二四—一八〇四），德意志哲學家。

念，更別提那些學院裡的「反芻動物」和其他的哲學教授了：關於這點，這篇著作給了一次無可估量的教導，我自己也承認，這裡寫的其實不是《教育家叔本華》，而是他的相反，《教育家尼采》。——有鑑於我當時的手藝是一位學者的手藝，而且也許我也很了解自己的手藝，所以在著作裡突然出現一篇學者風格的艱澀心理學，並不是沒有原因的：它表現出了距離感，深刻地確認什麼才是我的使命，也確認了哪些東西可能只是方法、插曲、次要的作品。我的聰明在於我的多樣性，而且又去過許多地方，爲的是得以將一切合而爲一，——爲的是得以到達唯一。所以我才必須先當一段時間的學者。——

# 《人性，太過人性的》

附上兩段補充

## 壹

《人性，太過人性的》是一場危機的紀念碑。它自命是一本寫給擁有自由精神的人看的書：書裡的每一句話幾乎都表露著一場勝利——透過這場勝利，我擺脫了不屬於自己天性裡的東西。對我而言，不屬於天性裡的就是理想主義：標題也說了：「你們看到的是理想的東西，我看到的則是——人性，哎，全都是太過人性的！」……

我比較了解人類……

這裡說的「自由精神」，意思不是別的：正是得到自由而重新擁有自己的精神。語調和音色也全都變了樣子：大家會發現這本書既聰明又冷酷，也許還會覺得它既嚴厲又充滿嘲諷。某種高尚品味的精神性似乎不斷壓制著一股更加熱情的基層潮流。在這層關係之下，伏爾泰[1]逝世百年紀念彷彿就不再只是這本書趕在一八七八年出版的理由，而是有它的意義存在。因為伏爾泰與在他之後的作家們完全相反，他是一位精神方面的大人物：和我一模一樣。——我的著作上寫著伏爾泰的名字——這真的是向前邁進了一步——向我邁進了一步……

1 譯註：Voltaire（一六九四—一七七八），法國哲學家。

如果大家看得仔細一點，會發現一個無情的精神，它知道理想藏身的所有角落，——藏在城堡的地牢裡，彷彿那裡是它最後的安身之處。手裡的火把絕對不是「猶疑不定的」火光，它的光俐落地照進理想的地底世界。這是戰爭，但是沒有煙硝，沒有戰鬥姿態，沒有慷慨激昂的情緒，也沒有脫臼的四股——否則就依然還是「理想主義」。一個又一個錯誤被從容地擱置在冰窖裡，不要去反駁理想——它就會自己凍死在裡面……

例如：「天才」凍死在這裡；下一個角落凍死的是「聖人」；在厚冰錐下凍死的是「英雄」；最後凍死的是「信仰」、或是所謂的「信念」，就連「同情」也冷卻了許多——「物自身」幾乎凍死在各地……

## 貳

我開始寫這本書的時候，應該是在第一屆拜魯特音樂節的那幾個禮拜[2]；那裡的環境帶給我的極度陌生感，就是這本書的先決條件之一。如果有人懂我那個時候遭遇了什麼異象，應該就猜得出來，某天我在拜魯特醒來的時候是什麼心情。彷彿就像我在做夢一樣……

2 譯註：第一屆拜魯特音樂節舉辦時間爲一八七六年八月十三至三十日。

我在哪裡？我什麼都認不得了，幾乎連華格納也認不得了。我不停地爬梳自己的回憶，卻想不起來半點事情。特里布岣[3]——一座遠方的幸福島嶼：沒有了半點相似的影子。那些無與倫比的草創時光、一同歡慶那些日子的那一群人、無可挑剔的精緻品味：全都沒了半點相似的影子。發生了什麼事？——有人把華格納翻成了德文！華格納的信徒變成了華格納的主人！——德國藝術！德國大師！德國啤酒！

我們其他人，我們太了解華格納的藝術了，我們知道哪些狡黠的藝術家才是他傾訴的對象，知道什麼樣的世界主義才符合華格納的品味藝術，所以我們才會這麼抓狂地發現華格納居然掛著德國的「美德」。——我想，華格納的信徒我全都認得，我「體驗」過他三代的信徒，從那位把華格納和黑格爾搞混、然後極度幸福的布蘭德爾[4]開始，一直到《拜魯特月刊》那群把華格納和自己搞混的「理想主義者們」，——我還聽過「美麗的靈魂」關於華格納的各種自白。願用一個王國，換一句聰明的話！——事實上，這是一個令人髮指的團體！諾爾[5]、波爾[6]、菜頭科爾，還帶著無限的優雅！其中不乏畸形兒，反猶分子更沒少

3 譯註：一八六九到一八七二年間，尼采常去特里布岣拜訪華格納夫婦。
4 譯註：Karl Franz Brendel（一八一一—一八六八），德意志音樂評論家，《新音樂期刊》編輯。
5 譯註：Ludwig Nohl（一八三一—一八八五），德意志音樂學家，著有多篇關於華格納著作。
6 譯註：Richard Pohl（一八二六—一八九六），德意志音樂作家，著有《理查•華格納——研究與評論》。

過。——可憐的華格納！他墮落到什麼地方去了！——但願他至少落入母豬群裡！結果他掉進了德國人之中！……

爲了教導後世，我們應該把一位眞正的拜魯特人製成標本，最好泡在酒精裡面，因爲他缺少的就是精神——，下面再放一句標語：這就是「精神」的模樣，這就是建立「帝國」的基礎……

夠了，儘管有位迷人的巴黎女人試著給我安慰，但我還是中途離開了幾個禮拜，非常突然；我只發了一封宿命的電報向華格納道歉。在波希米亞森林深處，有一個叫作克林根布倫[7]的地方，我帶著憂鬱的心情以及對德國人的鄙視在那裡四處閒晃，就像帶著一種疾病——而且，時不時就會寫一、兩句話到名爲《犁》的日記裡面，寫的全都是艱深的心理學，也許在《人性，太過人性的》裡面，還可以認得出來。

## 參

我當時做的決定，並不是要和華格納決裂——我當時感覺自己的本能失去了整體方向，

---

7 譯註：Klingenbrunn，德國巴伐利亞森林裡的一個小村。

各種錯誤的決定，無論是華格納還是巴塞爾的教職，都只是其中的一個跡象。我感受到自己對自己的不耐煩；我看得出來，已經到了不得不自我覺察的時候了。透過一種嚇人的方式，我突然一下子明白自己已經浪費掉多少時間，——對我的使命而言，我身爲語言學家的整體存在顯得多麼無用、多麼恣意妄爲。我爲我的假謙卑感到羞恥……

十年過去了，我眞正的精神養分來源也停止了，我並沒有多學到什麼有用的東西，反而在爲蒙塵的知識打雜的時候，瘋也似地遺忘了許多東西。我爬梳了古希臘羅馬韻律學家的著作，用的是恪遵職守的態度以及極差的視力——我做到這種地步！——我對自己吃不飽又瘦巴巴的模樣感到可悲：在我的知識裡面，簡直沒有現實世界的存在，然而「理想性」又有個鬼用！——一股簡直要燃燒起來的渴望攫住了我：從那個時候開始，我實際上只從事心理學、醫學和自然科學，其他什麼也沒做，——甚至只有在使命強制命令我這麼做的時候，我才回到眞正的歷史研究。我也是首先猜出行動與需求之間有所關聯的人。一方面是違反本能而選擇的工作、所謂的「職業」、也就是排在最後的呼召——另一方面則是透過麻醉的藝術，——例如：透過華格納的藝術——麻痺荒蕪感與饑餓感的需求。我小心翼翼地環顧整個四周，發現有很多年輕男子都處在相同的窘況：違背自然天性的行爲會逼出另一個違背自然天性的行爲。在德國，或說得更明白一點，在這個「帝國」，有太多人註定做出不合時宜的決定，然後在無法拋下重擔的情況下日漸憔悴……

這些人對華格納的渴望就像對鴉片一樣，——他們會忘記自己，他們會在一瞬間擺脫自我……
我在說什麼！會擺脫五、六個鐘頭！——

## 肆

當時，我的本能決定要堅決反對長期屈服、跟隨潮流、自我混淆。各式各樣的生命、最不利的條件、疾病、貧窮——我覺得這一切似乎都好過那種沒有尊嚴的「無私」，以前的我，先是因爲年輕無知而陷入無私的想法，後來則是因爲懶惰、因爲所謂的「義務感」，所以陷在裡面出不來。——這時，從我的父親那裡得來的劣等遺傳幫了我一把，用一種讓我讚嘆不已的方式，而且還來得正是時候，——說穿了，就是我命中註定會早死。疾病讓我慢慢得到解脫：它幫我省掉了各種決裂、各種令人不快的暴力步驟。我當時沒有失去別人對我的好意，反而還贏得了許多。同樣地，疾病還賦予我離棄所有習慣的權力，它允許我遺忘，它命令我遺忘；它送給我的禮物是逼迫我要靜養、悠閒、等待、忍耐……

不過，這也是逼迫我思考的意思！……

我的眼目自個兒斷開所有書蟲的事業，講白了就是語文學：我被從「書本」救贖出來之後，有好幾年的時間不再閱讀——這是我對自己做過的最大善舉！——最底層的自己彷彿被掩埋在瓦礫堆中，彷彿因爲必須對其他的自己言聽計從（——也就是閱讀！），所以變得悄然無聲；現在，它覺醒了，緩慢、害羞、遲疑，——但它終究又開口說話了。我從來不曾擁有過這麼多的幸福，除了在我生命中病得最嚴重、最痛苦的時候：大家只要去讀《晨曦》或是《漫遊者與他的影子》之類的著作，就可以理解這個「回歸自我」說的是什麼：它是一種最高形式的康復，眞正的康復！……

其他種類的康復只不過是它的衍生罷了。——

## 伍

《人性，太過人性的》，這座紀念碑紀念的是一種嚴格的自私自利，我藉此根絕其他人帶來的「高級詐欺」、「理想主義」、「美麗的感覺」以及其他娘們的行爲。這部作品絕大部分是在蘇連多[8]寫的，而它的結尾、最終的形式，則是在巴塞爾的冬天裡完成的，當時的環境要比蘇連多差上一大截。當時在巴塞爾大學念書的彼德・加司特先生[9]對我頗有好感，這本書的負責人其實是他。我當時頭上纏著繃帶，人又非常痛苦，所以由我先進行

8 譯註：Sorrent，義大利拿玻里轄下的城市。

9 譯註：Peter Gast，本名爲Heinrich Köselitz（一八五四—一九一八），德意志作曲家。

口述，他再把我口述的內容寫下來，也會代爲訂正，——其實他才是眞正的作家，我只不過是作者罷了。當我終於拿到這本書的成品——這讓重病患者感到十分驚訝——，我也另外寄了兩本到拜魯特去。因緣際會之下，我這邊也收到了一本精美的《帕西法爾》劇本，還附上華格納寫給我的獻詞：「給他最忠實的朋友，腓特烈・尼采／教會執事理查・華格納」。——這兩本書的交錯——彷彿讓我聽見了不祥的聲音。聽起來不就像是兩把利劍彼此交鋒的聲音嗎？……

無論如何，這是我們兩個人的感受：因爲我們彼此都保持沉默。——大約在這個時候，《拜魯特月刊》的創刊號出刊了：我當時理解到，已經到了不得不做些什麼的時候了。——難以置信！華格納居然變虔誠了……

## 陸

當時的我（一八七六年）對自己的想法是什麼，對自己的使命以及使命當中屬世的事物又有多大的把握，針對這些問題，這本書都可以做見證，尤其其中一段特別明確的段落：只是我本能的狡詐在這裡又迴避掉了「我」這個小字，而這一次，屬世的榮耀照耀的不是叔本華或華格納，而是我的一位朋友，傑出的保羅・雷博士[10]——幸好他太乖了，所以不會……

其他人就沒那麼乖了：我永遠都能在我的讀者當中指認出誰是無望的人，例如：典型的德國教授，關鍵就在於，他們都會因爲書裡的一段話就認爲自己有必要把整本書理解爲高級的現實主義，也就是保羅・雷主義[11]……

事實上，書裡也有些內容和我朋友說的五、六句話有所矛盾：關於這點，大家應該要回頭去讀《道德的譜系》的前言。——剛才提到的那一段話是這麼說的：藉由對人類行爲的透徹分析，史上最大膽又最冷酷的思想家之一、《論道德感的起源》的作者（參見：尼采，史上第一位不道德主義者），他得出了什麼定律？「屬道德的人與精神世界之間的距離並不比屬肉體的人近——因為精神世界並不存在……」

在歷史知識的錘打之下，這條定律變得既鋒利又堅硬（參見：重新評價所有的評價），在某個未來——一八九〇年！——也許能用它來當作斧頭，將人類的「形而上需求」斬草除根，——誰又能斷言這對人類來說會是祝福還是詛咒呢？但無論如何，這條定律的成果豐碩，既可行又可怕，就像所有偉大的知識一樣，帶著雙重的目光注視著這個世界……

---

10 譯註：Paul Rée（一八四九—一九〇一），德意志哲學家。

11 譯註：原文將Rée和現實主義Realismus合寫爲Réealismus。

# 《晨曦》

## 關於道德是種偏見的想法

## 壹

這本書開始了我對道德的出征。並不是說這本書帶著一絲煙硝味：——大家在這本書身上聞到的是完全不同、而且更加怡人的味道，假設大家的鼻孔比較敏銳的話。既沒有大型火炮，也沒有小型火器：就算這本書的效果是負面的，它所採行的方式還是沒有那麼負面，這種方式做出來的效果也比較像是結論，而不像在開炮。大家告別這本書的時候，會對自古以來所有被人尊稱為道德並加以膜拜的東西感到膽顫心驚，但是整本書裡面又沒有出現半句負面的話語，沒有攻擊，沒有惡意，——它反而攤在陽光下，幸福、美滿，就像一條在礁岩間曬太陽的海生動物。畢竟我自己就是牠，我就是這隻海生動物：這本書的每一個句子，幾乎都是我獨自在熱那亞附近的嶙峋礁岩上與大海交換祕密的時候想出來的，都是從苦思冥想中破蛋而出的產物。直到現在，每當我偶然摸到這本書，幾乎每條句子都還是會變成桌巾的一角，讓我能再次一把從深處擠出無與倫比的內容：它的皮膚會因為回憶帶來的春情蕩漾而顫抖著。這本書的獨門技藝並非只是小兒科，它能抓住悄然無聲、倏忽而過的東西，也能抓住一些我稱之為上帝的蜥蜴的瞬間——雖然不像年輕的希臘神祇那樣殘忍，用矛把可憐的小蜥蜴直接釘死在地上，不過我用的也是尖尖的東西，筆尖……

「還有許多的晨曦仍未發亮」——這句印度碑文就刻在通往這本書的大門上。這本書的原作者要去哪裡尋找那個新的早晨、那個仍未被發現的紅色柔光？隨著那片紅光，新的一天──啊，一連串新日子，一整片新世界！──將再次升起。答案就在重新評價所有的評價、擺脫所有的道德價值觀、對於迄今所有遭到禁止、鄙視、詛咒的事物點頭說「好」，並且加以信賴。這本對凡事說「好」的書會將它的光芒、它的大愛、它的柔情散發到卑劣至極的事物上，將「靈魂」、良知、崇高的權利、以及存在的優先權歸還給它們。道德並沒有因此受到攻擊，只是不列入考慮……

這本書的結尾是一句「不然？」，──這是唯一一本用「不然？」結尾的書……

## 貳

我的使命是預備人類最高自我覺察的那一刻，那會是一個偉大的正午時分，他們會瞻前顧後，離開偶然與教士的統治，然後首次提出完整的問題，爲什麼是這樣？爲什麼要這麼做？──這個使命是一種必然，它之所以出現，是因爲認識到人類不會自己走在正確的道路上，人類仍然完全沒有接受神性的統治，在他們最神聖的價值觀裡，主導人心的是否定的本能、墮落的本能、頹廢的本能。因此，對我而言，最首要的就是道德價值觀的起源問題，因爲這個問題決定了人類的未來。要求人們相信一切其實都是最好的安排，相信有那麼一本書，也就是《聖經》，可以透過神的引導與智慧，在命運中給予人類最終的安慰，翻成現實世界的說法，這一切的用意就在於掩蓋相反的可憐眞相，也就是人類到目前爲止都處在最差的安排之中，他們的統治者是不受重視的、狡詐又愛報復的、褻瀆世界的、做賤人性的，也就是所謂「聖人」。教士（——包括隱性的教士，也就是哲學家）不只在特定的宗教團體裡面負責做主，他們根本就已經變成主了，而頹廢的道德、終結的意志，則被視爲是道德自身，關鍵跡象就在於無私的人獲得了絕對的價值，而自私的人則處處獲得敵意。如果有人在這一方面和我不同調，我會認爲他也被傳染了……

但全世界都和我不同調：

對於生理學家來說，價值的對立沒什麼好懷疑的。如果器官組織裡最小的器官稍微衰弱了一些，不再有辦法十分確切地執行自我維持、力量增補、「利己主義」，那麼整個器官組織就會退化。生理學家會要求切除退化的部分，他會拒絕與退化的人爲伍，也絲毫不會給予同情。但是教士想要的就是全人類的退化：因此他才保存了退化的部分——藉此換取他對人類的統治……

「靈魂」、「精神」、「自由意志」、「上帝」，這些輔助用的謊言概念還能有什麼意義，不就是要摧毀人類的生理？……

如果一個人不再在乎肉體、也就是生命的自我維持與力量的提升，如果一個人會因爲貧血而建構理想，因爲鄙視肉體而建構「靈魂的救贖」，這不就是頹廢的處方嗎？——失去重量、對自然的本能進行反抗，一言以蔽之，這就是「無私」——這種行爲迄今仍被稱爲道德……

藉著《晨曦》，我要對讓人喪失自我的道德發動第一場戰爭。——

# 《快樂的科學》

（「la gaya scienza[1]」）

1 譯註：la gaya scienza，快樂的科學，原為中古世紀在法國土魯斯（Toulouse）成立的詩人團體，宗旨在於保護普羅旺斯的吟遊詩人傳統。

《晨曦》是一本對凡事都說「好」的書，既有深度，又帶著明亮與善良。而《快樂的科學》也甚是如此：在書中的每一個句子裡面幾乎都可以看到深層的意涵與胡鬧的想法兩情相悅地攜手合作。我曾用一首詩向一月表達我的感激，它是我經歷過最神奇的月分——這本書就是它的禮物——而這首詩便足以透露「科學」究竟爬出了什麼深淵，才得以在這裡變得快樂：

祢用火焰之矛，
擊碎了我靈魂的寒冰，
它這就起了波瀾，
向上好的希望之海奔流而去：
不斷地更加光明，不斷地更加健康，
逍遙在充滿愛的強迫裡——
如此讚美祢的神蹟，
最美麗的聖雅納略[2]！

2 譯註：Januarius，天主教聖人，雅納略的字義與一月同源。

這裡說的「上好的希望」指的是什麼？如果有人在第四部的結尾看出《查拉圖斯特拉》的前幾句話正閃耀著鑽石般的美麗，——或者是在第三部的結尾讀到那些磐石般的句子用寥寥數語就總結了所有時代的同一種命運，那麼還有誰可能會對上好的希望感到懷疑？——《牲人王子之歌》絕大部分是在西西里島寫的，明顯讓人想起普羅旺斯語的概念「gaya scienza」（譯註：快樂的科學），想起歌手、騎士、自由精神的合一，普羅旺斯早期的神奇文化便是因著這種合一才得以在模稜兩可的文化中鶴立雞群；尤其是最後那首《致密史脫拉風》[3]，它更是一種完美的普羅旺斯主義，一首放縱的舞曲，不好意思，就是要跳舞跳到脫離道德。——

3 譯註：普羅旺斯語的西北風，指法國南部沿著隆河河谷南下的乾冷強風。

# 《查拉圖斯特拉如是說》

一本為所有人又不為任何人而寫的書

## 壹

我現在要來說說查拉圖斯特拉的故事。這本書的基本構想、永恆回歸的想法，是普天下能力所及的最高級肯定——，而那是一八八一年八月的事情了：它被付諸紙筆，還下了一個副標題：「人類與時間之外的六千呎彼岸」。那天，我穿過席爾瓦普那拉[1]的湖邊森林；在離蘇爾雷[2]不遠的一座金字塔狀的巨石旁停了下來。我就是在那個時候想到永恆回歸的想法的。——從那一天起往回推算，我發現這整件事情的徵象起源於我的品味突然發生了關鍵性的深刻轉變，尤其是在音樂方面的品味。也許你們可以把整本《查拉圖斯特拉》當成一種音樂；——重生肯定是可以在藝術中被聽見的，而這也是重生的先決條件之一。一八八一年春天，我在一座小型的山中溫泉療養勝地，就在離維琴察[3]和雷科阿羅[4]不遠的地方，我在那裡和友人彼得・加司特大師一同向一位同樣也是「重生者」的人透露，音樂這隻不死鳥從我們的身旁飛了過去，羽毛還顯得比往常更加輕柔、更加明亮。一八八三年二月，我

1 譯註：Silvaplana，瑞士東部上恩加丁地區的一個城鎮。
2 譯註：Surlei，席爾瓦普那拉的一個小村。
3 譯註：Vicenza，義大利北部城市。
4 譯註：Recoaro，義大利北部城鎮。

在前言引用的那幾句結尾突然就這麼產出了——而且還是在一個極爲不可能的情況下完成的，也就是華格納死於威尼斯的那個神聖時刻——如果我從一八八一年八月的那一天開始推算，我等於懷了十八個月的胎。十八個月，這個巧合的數字很可能讓人多做聯想，至少佛教徒會以爲我其實是一頭母象。——《快樂的科學》正是那段期間的產物，數以百計的徵兆都表明著某件無與倫比的事情就要發生了；畢竟它還抬出了《查拉圖斯特拉》的開頭，而且也在第四章的倒數第二段寫出《查拉圖斯特拉》的基本想法。——同樣屬於那段期間的還有《生命頌》（混聲合唱交響曲），總譜已經在兩年前由萊比錫的E•W•弗利茨出版社出版：對於我這一年的狀態而言，這首曲子也許不是一個無關緊要的症狀，我的體內出現高度凡事都說「好」的慷慨激昂，我稱之爲悲劇的慷慨激昂。未來會有人唱這首曲子來紀念我。——因爲四處流言造成的誤會，我在這裡要鄭重強調，這首曲子的歌詞不是我寫的：它出自一位年輕俄羅斯女子的驚人靈感，也就是我當時的友人，盧•馮•莎樂美小姐。如果有誰讀得懂這首歌詞的最後幾個字，那就可以猜得出爲什麼我會偏好這首歌詞，並且對它表示讚嘆：這首歌詞有它的偉大之處。它不把痛苦視爲對生命的反駁：「如果你沒有剩下的幸福可以給我，好吧！你還有你的痛苦可以給我……」

也許我的這段音樂也有它偉大的地方。（雙簧管的最後一個音是升C小調，而不是C小調。印刷錯誤。）——接下來的那個冬天，我住在恬靜的拉帕洛[5]海灣，離熱那亞不遠，深入奇亞瓦里[6]和波爾多費諾海岬[7]之間。我當時的健康狀況沒有很好；冬天很冷，而且雨下得很超過；我住的地方是一間海邊的小旅館，大海晚上讓人無法成眠，旅館提供的東西也大概全部和我的願望相反。儘管如此，我的《查拉圖斯特拉》就是在這個冬天以及這種不利的環境下形成的，這也幾乎印證了我的名言，所有關鍵的事物都是在「儘管如此」的情況下形成的。——上午，我會沿著壯麗的大街，朝南方的佐阿格利[8]走去，經過一片義大利石松，登高俯瞰遼闊的大海；下午，只要健康狀況允許，我會從聖瑪格利特[9]沿著整個海灣繞到波爾多費諾。因爲這個地方的風景深受令人緬懷的德意志皇帝腓特烈三世所喜愛，所以又和我的心更加貼近；一八八六年秋天，我偶然來到這裡，當時正好是腓特烈三世最後一次拜訪這個幸福的失落世界。——在這兩條路上，我突然產生了《查拉圖斯特拉》首部曲的完整靈感，尤其是將查拉圖斯特拉本人作爲典型的靈感：說得正確一點，是他來找上我的……

5 譯註：Rapallo，熱那亞省的一個城鎮。
6 譯註：Chiavari，熱那亞省的一個城鎮。
7 譯註：Porto fino，熱那亞省的一個城鎮。
8 譯註：Zoagli，熱那亞省的一個城鎮。
9 譯註：Santa Margherita，熱那亞省的一個城鎮。

## 貳

為了理解這個典型，必須先明白他在生理方面的先決條件：我稱之為大健康。就我所知，《快樂的科學》第五部的其中一段結尾，就是最好、最個人的解釋。「我們是新人、無名氏、難以理解的人——那裡是這麼寫的——我們是早產兒，來自尚未證實的未來，為了新的目的，我們需要新的方法，也就是新的健康，而且要比目前為止所有的健康都再更強大、機靈、堅韌、大膽、有趣。如果有誰的靈魂渴望經歷有史以來所有的價值、渴望經歷所有值得期望的事情、渴望航遍理想主義的『地中海』沿岸，如果有誰想透過最個人的冒險經驗得知征服理想者，或是發現理想者的心情，或是藝術家、聖人、制定律法的人、智者、學者、虔誠者、古老風格的神仙奇人：最首要的條件，就是要擁有大健康——不僅要有如此這般的健康，還要持續地獲取它，也必須去獲取它，因為人們就是會一再地放棄它，也必定會放棄它……

我們是理想的阿耳戈號[10]船員，也許不聰明，反倒像勇敢，常常發生船難，也常常受傷，但是，就像剛才說的，我們的健康比別人可能允許的還要健康，嚴重地健康，一再地

10 譯註：希臘神話中，眾英雄出海尋找金羊毛時搭乘的船。

健康，在這樣的健康狀態下航行了許久——我們覺得自己的眼前彷彿有一片尚未被發現的國度，一望無際，座落在迄今爲止所有理想國度與角落的彼岸，那個世界充滿了美麗、陌生、可疑、可怕、以及神聖，讓我們無法克制自己的好奇心與占有慾——啊，我們的胃口再也無法被餵飽了！……

看過這一片風景，也體會過知識與良知的饑渴，我們怎麼還可能滿足於當前的人類？在那之後，我們總是用勉強維持的嚴肅心態看待他們最值得讓人尊敬的目標與希望，也許還不屑一顧，這種心態十分糟糕，但又無可避免……

另一種理想朝著我們飛奔而來，它是一種神奇的、試探人心的、充滿危險的理想，我們不想說服任何人接受這種理想，因爲我們不會輕易承認誰有權利擁有它：擁有這種理想的人，總是能用天眞、不刻意的心態把玩迄今爲止所有被視爲神聖、良善、不可觸碰、屬神的一切；對他們而言，民眾用來作爲公正評判的最高標準，意思差不多等同於危險、墮落、貶低、或至少等同於休養、盲目、暫時的忘我；這種理想屬於人類的、超人類的健全與好意，只是太常以非人的樣貌出現，舉例來說，相較於世界上所有出現過的正經事，或相較於所有出現在神情、話語、聲音、目光、道德、使命裡的莊重氣息，這種理想就像是在詼諧模仿這些正經事與莊重氣息，雖然不是故意的，但是像到不能再像——但也許正是因爲這種理想的存在，才得以進行偉大的正經事、才得以提出眞正的問題、才得以翻轉靈魂的命運、才得以移動指針、才得以開始悲劇……」

# 參

——在十九世紀末，有誰明白大時代的詩人稱之爲靈感的東西是什麼？如果沒有人知道的話，我這就來描述一下。——事實上，如果體內還殘留著一點點迷信，就很難不去想像自己只是某些超強力量的化身、口舌、媒介。天啟這個概念的意思是突然看見、聽見某件事情，而且具有無法言喻的確據與細節，令人徹底感到震撼而俯伏在地。天啟描述的正是實際情況。聽見，卻尋不著；收下，卻從不過問是誰給的；想法有如閃電般閃現，必然、明快、沒有半點猶豫，——我從來就沒有選擇的餘地。一陣狂喜襲捲而來，巨大的張力偶爾會讓人淚流不止，伴隨的腳步也會不自覺地時而突進，時而趨緩；完全無法自制，清楚地意識到無數微小的戰慄流遍全身；在幸福的深淵之中，即便是最痛苦和最陰暗的事也造成不了對立的效應，它們都只是有條件的、被挑釁的結果，在這般光明的流瀉之中，這些事情都是一種必然的色彩；一種在節奏比例方面的本能，橫跨各種形式的廣袤空間——長度或是對大跨度節奏的需求幾乎就是用來衡量靈感強度的標準，用來抵消靈感帶來的壓力與張力……一切都發生在極度不由自主的情況下，但卻有如挺身在暴風之中，吹襲著自由的感覺、不受限、權力、神性……

最特別的是在意象與比喻方面的不由自主；不再明白什麼是意象、什麼是比喻，一切都已經呈現出最直接、最正確、最簡單的表達方式。查拉圖斯特拉曾經說過，這彷彿就像世間萬物都自告奮勇地前來讓人當作比喻（——「世間萬物都來到你的話語，輕撫、討好你：因爲它們想要騎在你的背上。這裡的每一個比喻，都可以讓你駕往每一個眞理。所有存在的文字以及文字的聖龕都在這裡爲你而開；所有存在都想在這裡化爲文字，所有化幻都想向你學習開口說話——」）。這是我的靈感經驗；毫無疑問，大家必須回到數千年以前，才找得到有人可以對我說：「這也是我的經驗」。——

## 肆

在那之後，我在熱那亞臥病在床了好幾個禮拜。接著是在羅馬的憂鬱春天，我在那裡接受了生命——這並不容易。對於查拉圖斯特拉的詩人而言，這個世俗之地是最下流的地方，而且也不是我自願的選擇，所以這裡其實讓我覺得極其厭煩；我試著要擺脫這裡——我想要去阿奎拉[11]，那裡是和羅馬完全相反的概念，阿奎拉建立的原因乃是出於對羅馬的敵意，就像我總有一天會建立一個地方，用來追憶一位無神論者、教會的模範敵人、我的近親之一、偉大的霍亨斯陶芬王朝皇帝腓特烈二世[12]。但是，說得再多，這到底還是一場不

11 譯註：Aquila，義大利中部城市，現名爲拉奎拉（L'Aquila）。

12 譯註：Friedrich II（一一九四—一二五〇），因爲與教皇衝突而被處以破門。

幸：我還是必須再次回到羅馬。在辛苦謀求一塊敵基督的地土之後，我累了，最後只得滿足於巴貝里尼廣場[13]。我擔心自己會為了儘量避開難聞的氣味而跑去奎利那雷宮[14]詢問有沒有人可以提供一間安靜的房間給哲學家。——剛剛提到的廣場上有一座涼廊，在那裡可以俯瞰羅馬，也可以聽見下方噴泉的流水聲，《夜曲》[15]，這首孤單的曲子就是在那裡寫的；那段時間，總是會有一段無法言喻的憂鬱旋律圍繞著我，「永生前的死亡」，我在這句話裡認出了它的副歌……

夏天的時候，我回到聖地，也就是查拉圖斯特拉的想法第一次向我閃現的地方，我在那裡找到了《查拉圖斯特拉》的第二部。十天就夠了；無論是第一部，還是第三部，或是最後一部，我需要的時間都不會超過十天。接下來的冬天，尼斯平靜的天空第一次照亮了我的人生，我在那片天空下找到了《查拉圖斯特拉》的第三部——而且也完成了。整體算下來，前後用了幾乎不到一年的時間。因為一些難忘的片刻，尼斯周遭的風景向我貢獻了許多隱密的

---

13 譯註：piaza Barberini，羅馬市中心的廣場。
14 譯註：palazzo del Quirinale，原為教宗夏日行宮，一八七一年羅馬定為義大利首都後，成為義大利國王王宮。
15 《查拉圖斯特拉》第二部的其中一個章節。

地點與高地；那段關鍵的部分就是我從火車站一路爬上摩爾人建造的神奇艾日山城[16]的辛苦過程中寫的，標題叫作《舊板與新板》，——每當創作力充沛的時候，我的肌肉也會隨之呈現高度靈活的狀態。肉體感到興奮：我們就別管「靈魂」了……

大家常常看見我跳舞；那時候的我沒有疲累的概念，可以七、八個小時都待在山上。我睡得好、笑口常開——，精力充沛，而且很有耐心。

## 伍

除了這幾部十天就完成的作品，創作《查拉圖斯特拉》的那幾年，我面臨的其實是非同小可的困境，在《查拉圖斯特拉》之後的那幾年更是如此。要得到永生，就必須付出更昂貴的代價：爲此，活著的時候就要先死過好幾次。——有一件事情，我稱之爲偉大的怨恨：所有偉大的事物，一部作品、一件行爲，只要一待完成，立刻就會反噬將它做出來的人。正因爲這個人做了大事，所以從此變得虛弱，——不再能夠堅持到底，也無法再正眼看待他所從事的事情。經歷了某件從來想都不能去想的事情，某件與人類命運息息相關的事情——然後

16 譯註：Èze，法語Èza，法國濱海阿爾卑斯省的一個鄉鎮。

從此把它背在自己身上！……

這幾乎是會把人輾碎的……

偉大的怨恨！——其次是會在自己周圍聽見恐怖的寧靜。孤單感有七層皮；沒有任何東西穿得過去。走進人群、問候朋友：得到的都會是一片新的荒蕪，得不到任何來自目光的問候。如果對方採取任何反抗的動作，那已經是最好的情況了。我曾經經歷過這類反抗，雖然程度不一，但幾乎每個親近我的人都起來反抗我；似乎沒有什麼比突然與人保持距離還要更加羞辱人的事情了，——天性高尚的人活著就懂得尊敬人，這種人是很少見的。——第三，微小的刺激就會讓皮膚出現荒謬的敏感，這是一種對於各種小事的無助感。我覺得，之所以造成這種無助感，原因就在於已經大量揮霍掉所有的防禦力，這種揮霍正是每一種創作行爲、每一種發自自身內心深處的行爲的先決條件。因此，小型的防禦力彷彿就被卸下了；再也得不到力量的供給。——我還敢說，消化系統一定會變差，不喜歡運動，對寒冷完全沒有抵抗能力，對猜疑也是，——雖然在許多情況下，猜疑只是誤判病因的結果而已。有一次，我在這種狀態下感覺一群牛正在接近我，我還沒有看到牠們，就已經找回了對人類比較友善的心軟想法：這件事或多或少還是有它溫暖的地方……

# 陸

這部作品完全爲了是自己而存在。我們把詩人撇除到一旁：也許從來就不曾有人會用同樣的精力豐沛去做一件事情。我的「酒神」概念在此成了至高無上的行為；相較之下，人類其餘的行爲全都顯得貧瘠、有所侷限。即使是一位歌德、一位莎士比亞，也都不知道要怎麼在高地以及這種極大無比的熱情裡呼吸，與查拉圖斯特拉相比，但丁只是個信徒，不是首先創造出眞理的那個人，那個人才是統治世界的精神，他才是一種命運——，詩人是吠陀的教士，從來就不配爲查拉圖斯特拉脫鞋，但這些都只是微不足道的小事，還不足以說明什麼是距離，什麼是這部作品所居的蔚藍孤獨。查拉圖斯特拉永遠都有權利說：「我在自己周圍劃上了神聖的界線；隨著爬的山愈來愈高，與我一同登山的人就愈來愈少，——我用愈來愈神聖的山造出了一座山脈。」把所有偉大靈魂的精神與良善加在一起：全部加起來可能也說不出查拉圖斯特拉的一句話。他用來爬上爬下的梯子巨大無比；他比任何人看得都遠、要得更多，也能做得更久。他的每一句話都在唱反調，但他是最願意點頭說「好」的能人；在他心中，所有的矛盾都會結合成新的一體。人類天性中最高等的力量、最底層的力量、最甜美的、最輕率的、最可怕的力量，全都出自同一個湧泉，全都帶著不朽的肯定。在那之前，沒有人知道什麼是高、什麼是低；更不知道什麼是眞理。在這場眞理的天啟之中，沒有一個瞬間是哪位偉人曾經做過或曾經猜想過的。在查拉圖斯特拉之前，沒有智慧、沒有靈魂的研究、沒有說話的藝術；最平易近人的東西、最日常的東西，說出來的反而是前所未聞的事情。因爲熱情而顫抖的格言；口若懸河變成了音樂；閃電打向了迄今依然猜不到的未來。語言回歸象形的本性，與此相比，往昔最強的比喩能力也不過是貧乏的兒戲。——查拉圖斯特拉是何等屈尊地下來對每個人說出最友善的話語！他親自用何等溫柔的手扶持著他的對手，那群教士，並且與他們一起忍受他們！——他無時無刻都在戰勝人類，「超人」的概念在此得到至高無上的實現，——到目前爲止，人類身上所有被稱爲偉大的地方，全都遠遠地在他之下。做夢也沒有想到，心如止水、輕柔的步伐、無所不在的惡毒與狂妄，以及其他種種查拉圖斯特拉這種典型人物的典型作風，原來這一切都是偉大的本質。正是在這樣的空間範圍內，而且得以接觸反對的聲音，查拉圖斯特拉覺得自己就是所有存在之物的至高類型；如果曾經聽過他怎麼去定義這個類型，便會放棄尋找能用來形容他的比喩。

——擁有最長的梯子，能通達最深之處的靈魂，
包羅萬象，能在自己裡面奔跑、迷路、閒蕩的寬廣靈魂，
必然，卻帶著好玩的心態跌進偶然的靈魂，
存在，卻想進入生生化化的靈魂，擁有，卻想進入渴求與妄想的靈魂——
逃離自己，卻又在繞了一圈後趕上自己的靈魂，

最有智慧，卻受盡愚昧甜言蜜語的靈魂，
最愛自己，卻涵蓋萬物的潮流與反撲、退潮與漲潮的靈魂——

但這就是酒神狄奧尼修斯本身的概念。——從另一方面來考量也會導向同一個結論。查拉圖斯特拉這種典型人物都有心理問題，這種人說「不」的程度前所未聞、而且還會付諸行動，別人一向說「好」的，他就說「不」，這種人怎麼還有辦法和說「不」的人截然不同；背負命運中最沉重的部分、背負使命的不幸，這種人怎麼還有辦法這麼輕鬆、這麼置身事外——查拉圖斯特拉是個舞者——以最嚴厲、最可怕的方式看透這個現實世界、思量「最深不可測的想法」，這種人怎麼還有辦法找不到理由來反對存在、甚至反對存在的永恆回歸，——反而還多找了一個理由要讓自己成為對天下萬物永遠的「好」，「極其無限地說『好』與『阿門』」……

「就算是在深淵之中，我還是會背負我對別人祝福的『好』」……

但這就又是酒神狄奧尼修斯的概念了。

## 柒

——這種能人，當他自言自語的時候，說的是哪一種語言？他說的是酒神頌歌的語言。

我是酒神頌歌的發明者。大家可以去聽一下查拉圖斯特拉在太陽升起前（參、十八）是怎麼和自己對話的：在我以先，還沒有一個舌頭可以說得出這種綠寶石般的幸福、這種屬神的柔情。就連這種酒神的重度憂鬱也能成為酒神頌歌；我拿《夜曲》這首歌來當作具體的說明，這首歌是不朽的怨嘆，因爲充溢著光明與力量、因爲自己的太陽本性，所以註定沒辦法愛人與被愛。

入夜了：所有跳躍的湧泉開始大聲交談。而我的靈魂也是一座跳躍的湧泉。

入夜了：所有愛人的情歌這才剛剛甦醒。而我的靈魂也是一首愛人的情歌。

我心裡有個東西未得平息也無法平息，它想要大聲吶喊。我心裡有個對愛情的渴望，它自顧自地說著情話。

我就是光：哎呀，但願我是夜晚！但是我的孤獨就在於四周都環繞著光芒。

哎呀，但願我是黑暗、但願我屬於夜晚！我多麼想躺在光芒的胸脯裡吸著乳汁！

天上的點點星光與螢火，我要賜福給你們！——我也要因爲你們贈予的光芒而幸福。

但是我就住在自己的光裡，喝著從自己身上冒出去的火焰。

我不曉得什麼是拿取的幸福；我也常常做夢，偷來的肯定比拿到的更幸福。

我的貧窮就在於我的手從未停止贈與；我的嫉妒就在於我看到等候的眼神、看到渴望的夜空得到照亮！

唉，這是所有贈與者的不幸！唉，我的太陽昏黑了！唉，對渴望的渴望！唉，就算吃飽喝足，還是感到饑腸轆轆！

他們從我這裡拿取：可是我觸摸得到他們的靈魂嗎？拿取與給予之間有一道鴻溝；最小的那道溝要等到最後才有辦法被跨越。

我的美麗生出了渴望：我想要弄痛那些得到我光照的人，我想要搶劫那些得到我贈與的人，——我就是這般渴望歹毒。

如果你們伸出手，我就把手收回來；像瀑布一樣，明明都要掉下去了，卻還在猶豫：我就是這般渴望歹毒。

我的豐富想出了這種復仇，我的孤獨湧出了這種陰謀。

我在贈與中得到的幸福已經滅絕在贈與裡，我的美德則因爲泛濫而對自己感到厭倦！

一直在贈與的人，他的危險就在於會失去羞恥；一直在發贈的人，他的手和心裡都會因爲純粹的發贈而長繭。

我的眼睛不再因爲看到別人有求於人的羞恥而泛淚；對於抓滿東西而顫抖的雙手，我的手已經變得太過剛硬。

我眼中的淚水和心中的柔軟都去了哪裡？唉，這是所有贈與者的孤獨！所有發光者的沉默！

在荒蕪的空間裡環繞著許多太陽：它們用自己的光芒與黑暗的萬物對話——對我就沉默不語。

唉，這是光對發光者的敵意：光會無情地改變自己的軌跡。

心裡深處對發光者不公，冷漠地對待這些太陽——太陽也就都這樣一顆顆走了。

太陽們像狂風一樣改變了自己的軌跡，它們跟隨著自己無動於衷的意志，這是它們的冷酷。

唉，就是你們，你們這些黑暗的人，你們這些夜裡的人，你們才剛利用發光者來取暖！唉，你們就又跑到光芒的乳房裡喝奶、汲取提神的飲料。

哎呀，我的身旁都是冰，冷冰冰的東西燙傷了我的手！哎呀，我的心裡多麼渴望，渴望的是你們的饑渴。

入夜了：哎呀，我非得是光！然後渴望著夜晚！然後孤獨！

入夜了：我的渴望像泉源一樣從我裡面爆發出來，——渴望能說話。

入夜了：所有跳躍的湧泉開始大聲交談。而我的靈魂也是一座跳躍的湧泉。

入夜了：所有愛人的情歌這才剛剛甦醒。而我的靈魂也是一首愛人的情歌。——

## 捌

從來沒有人這樣創作過、感受過、承受過同樣的痛苦：有一位神，祂就這樣承受著痛苦，一位狄奧尼修斯。對於這首描述太陽在光芒裡逐漸孤單的酒神頌歌，也許可以用阿里阿德涅[17]作爲回應……

除了我，有誰知道阿里阿德涅是什麼！……

17 譯註：Ariadne，希臘神話人物，傳說後成了酒神狄奧尼修斯的妻子。

到目前爲止，沒有人猜得出這些謎題的解答，我也滿懷疑的，是不是連謎題都沒有人看過。——查拉圖斯特拉曾經嚴格地制定他的使命——也就是我的使命——，要讓大家知道意義，才不會做出錯誤的選擇：他對凡事都說「好」，甚至會幫過去的一切進行辯護、進行救贖。

> 我走在人群中，就像走在未來的碎片中：我看到的那個未來。
> 這都是我的創作與追求，我的創作把碎片、謎題、恐怖的偶然合而爲一。
> 要不是人類也是詩人、寫謎題的人、偶然的救贖者，我怎麼忍受得了自己是個人類？
> **救贖過去**，把所有的「曾經」改造成「這就是我想要的！」——對我來說，這才叫作救贖。

在另一個段落，他也嚴格地制定了對他來說唯一可能的「人」是什麼——不是愛情的對象，或甚至是同情的對象——查拉圖斯特拉也克制自己在人類身上感受到的莫大噁心：對他而言，人類是畸形、是素材、是需要雕刻家琢磨的醜陋石頭。

> 不再**想要**、不再**估量**、不再**創造**：哎，但願這莫大的疲累可以永遠地離開

我！

就算是在認知的過程中，我感受到的也只有自己的意志對「生」與「化」的興趣；如果我的認知中帶有純潔，原因只會是因爲它帶有生產的意志。這個意志引誘我離開了上帝和眾神：如果眾神——還在的話，究竟還可以創造什麼？

但是，我熾熱的創作意志一再地把我推向人類；就像把鐵錘推向石頭一樣。

哎呀，你們人類，我覺得石頭裡面沉睡著一個意象，一切意象的意象！哎呀，它就非得要睡在最堅硬、最醜陋的石頭裡面！

這時，我的鐵錘殘暴地摧毀它的監牢。石塊飛濺：與我何干！

我想要完成它，因爲曾經有一道影子來找過我，——萬物之中，最寧靜、最輕柔的東西都曾來找過我！

超人的美麗曾化作一道影子來找我：眾神——還與我有什麼干係！……

最後，我再舉一個觀點：回應剛剛劃重點的那個句子。對於酒神的使命而言，強硬的鐵錘、甚至躍躍欲試地施行毀滅，都是關鍵性的先決條件之一。「強硬一點！」這個命令句徹底肯定所有的創造者都是強硬的，而這也是酒神天性最眞實的標誌。——

# 《善與惡的彼岸》

## 未來哲學的序幕

## 壹

接下來幾年的使命，已經都嚴格地預先制定好了。解決了前半部對凡事都說「好」的使命之後，接下來輪到的是後半部說「不」、而且也付諸行動的使命：重新評價自古以來的評價本身，這是一場大型的戰爭，——也會召來決定的日子。連帶要做的還有慢慢環顧什麼人與我甚有淵緣，什麼人會用自身的強大幫助我進行毀滅。——因此，我的所有著作都是釣鉤：也許我和某人一樣都善於釣魚？……

如果沒有任何東西上鉤，錯也不在我。而是在於沒有魚……

## 貳

這本書（一八八六年）在本質上是對現代性的批判，現代科學、現代藝術，甚至連現代政治也不例外，同時也指出相反的類型是什麼，也就是盡其所能地不現代、對凡事都說「好」的高尚類型。在這層意義上，這本書也是一所貴族學校，這個概念比前人所認為的還要更加注重精神層面，而且也更加激進。人的肉體必須要有勇氣經得起這個概念，必須沒學過什麼是害怕……

這個時代引以為傲的一切，都被認為是在反對這種高尚的類型，而且幾乎都是差勁的行爲，例如著名的「客觀性」、「科學性」、「同情所有痛苦的人」、「歷史意義」對外來的品味卑躬屈膝、對微不足道的小事五體投地。——這本書是接續在《查拉圖斯特拉》之後出現的，如果有誰考量到這一點，那麼也許猜得出來，這本書的成形要歸功於飲食的管理。被寵壞的眼睛已經習慣要被逼著看向遠方——查拉圖斯特拉看得比沙皇還遠——，被迫在這裡看清與自己息息相關的事情、這個時代、還有環繞在我們周圍的東西。大家在我的每一部作品、尤其是這些作品的形式裡面，同樣都能發現我任意妄為地背棄那些造就出查拉圖斯特拉的本能。無論是形式、意圖、還是沉默的藝術，其中最重要的部分都是狡詐，我可以公開承認，我把心理學用得既嚴厲又恐怖，——這本書沒有任何善良的文字……

這些都可以讓人得到恢復：畢竟有誰猜得到，要像查拉圖斯特拉一樣浪費自己的良善，到底會需要什麼樣的休養？……

用神學的角度來說——仔細聽好了，因爲我很少以神學家的身分說話——在創世紀結束之後，躺在分辨善惡樹下的那條蛇，就是上帝本人：祂藉此從當上帝這件事情得到恢復……祂把一切做得太美好了……

撒旦只不過是上帝每七天就要進行一次的休閒活動……

# 《道德的譜系》

一篇筆戰

組成這本《譜系》的三篇論文也許是我迄今寫過最讓人毛骨悚然的作品，在表達、意圖、以及驚喜的藝術各方面來看皆是如此。大家都知道，狄奧尼修斯也是黑暗之神。——每一次的開始，都應該要讓人誤入歧途，冷酷、科學、甚至冷嘲熱諷、故意彰顯、故意拖延。讓人漸漸感到不安；閃電零星出現；非常讓人不舒服的眞理從遠方傳來一陣陣低沉的轟隆聲，——直到狂暴的節奏出現，巨大的張力將一切向前推進。每一次的結尾，都會有一個新的眞理，伴隨著駭人的爆炸聲出現在雲層之間。——第一篇論文的眞理是基督教的心理學：基督教誕生於記仇的精神，而不是像一般所信仰的那樣源自於「聖靈」，——就其本質而言，它是一種反動，大規模地起身反抗高尚價值的統治。第二篇論文講的是良知的心理學：良知並不是像一般所信仰的那樣，它不是「上帝在人裡面的聲音」，——它是殘酷的本能，不能對外發洩，所以轉而對內。這是有史以來第一次發現殘酷其實是最古老、也最不可或缺的文化基礎之一。第三篇論文要回答的是禁欲的理想，或說是教士的理想，儘管這種理想是最有害健康的理想、終結的意志、頹廢的理想，但是它的權力究竟來自哪裡。答案：並非像一般所信仰的那樣有上帝在教士的背後撐腰，而是因爲沒有更好的選擇了，——因爲它是自古以來唯一的理想，因爲它沒有競爭對手。「因爲人類寧願想要什麼都不要，也不願意什麼都不想要。」……

主要的原因在於沒有反對的理想——除了查拉圖斯特拉以外。——大家都曉得我在說什麼。這三篇論文是一位心理學家爲了重新評價所有的評價而做的關鍵預備。——這本書包含了有史以來第一篇的教士心理學。

# 《諸神的黃昏》

如何用鐵錘進行哲學思考

## 壹

這是一篇不到一百五十頁的著作，筆調輕快又充滿不祥預兆，它是開懷大笑的惡魔——，這是一部不到幾天就完成的作品，天數少到我都不好意思去算，在眾書之中，這本書是個例外：不會再有其他書比它具有更豐富的實質內容、更加獨立、更加顛覆、——更加邪惡。如果想要快速理解爲什麼我眼前的一切都是顛倒的，那就開始閱讀這篇著作吧。封面上的諸神的意思，就是自古以來被稱爲眞理的東西。諸神的黃昏——說白了就是：舊有的眞理結束了……

## 貳

這篇著作應該觸及了所有現實世界、所有「理想性」（——觸及：這個表達也太謹愼委婉了！……）

不僅有永恆的諸神，還有最年輕的、以及最年老體衰的諸神。例如：「現代理想」。一道強風吹過樹林之間，到處都掉下了果子——都是眞理。這其中還有深秋的揮霍：人們在許多眞理上絆倒了，甚至還踢死了幾個，——眞理太多了……

但只要抓在手裡，就不會再是可疑的東西了，都是做了決定的結果。只有我的手裡拿著衡量「眞理」的標準，只有我才有辦法做決定。我的體內彷彿長出了第二個意識，彷彿「意志」在我體內爲自己點了一盞光，照亮它沉淪迄今的歧途歪路……

歧途歪路——人們還把它叫做通往「眞理」之路……

所有不明的衝動都結束了，好人最不會意識到什麼是正確的道路……

認眞說來，在我之前，沒有人知道什麼是正確的道路、向上的道路：從我開始，才又有了希望、使命、才又有了尙待制定的文化之道——我是它們的快樂信差……

正因如此，我也是一種命運。——

## 參

在結束剛才提到的作品之後，我沒有浪費任何一天，馬上剛始重新評價的使命，心裡帶著無與倫比的自豪，時時刻刻確信自己的不朽，確定這是一種命運使然，然後一個字一個字把話語刻進金屬板裡。前言完成於一八八八年九月三日：一早寫完之後，我到戶外走走，發現眼前是我在上恩加丁這裡見過的最美好的一天——透明、璀燦、包含所有的矛盾、綜合南方與冰天雪地之間的種種一切。——我被洪水耽擱住了，直到九月二十日才離開錫爾斯瑪利亞，最後還變成這個神奇之地的唯一客人，爲了表達我的感激，我要送給這個地方一個不朽的名字。接下來的旅程則是充滿突發狀況，甚至還在深夜冒著生命危險抵達洪水泛濫的科莫[1]，最後才在二十一日的下午抵達都靈，也就是我的應驗之地、我從今以後的宅邸。我又住回到春天住過的那間房子，卡洛阿爾貝托街六號三樓，就在維托萊・伊曼紐埃萊[2]出生的卡里尼亞諾宮[3]對面，窗外可以看見卡洛阿爾貝托廣場，還有遠方的丘陵地。沒有拖延，也沒有半刻分心，我又馬上開始著手工作：這部作品只剩下最後四分之一要寫。九月三十日，偉大的勝利；重新評價完成；有一位神沿著波河[4]河畔閒晃。同一天，我又寫了《諸神的黃昏》的前言，我九月份的休閒活動就是校正這本書的印刷稿。——我從來沒有體驗過這種秋天，也從來不認爲世界上有這種東西存在，——遙想一幅克勞德・勞蘭[5]的畫，每天同樣都是無限完美的一天。——

1 譯註：Como，義大利北部城市。
2 譯註：Vittore Emuanuele，義大利統一後的第一位國王，阿洛・阿爾貝托（Carlo Alberto）是其父親。
3 譯註：plazzo Carignano，位於都靈，卡里格南親王的私人府邸。
4 譯註：Po，義大利北部河流，流經都靈市中心。
5 譯註：Claude Lorrain（一六〇〇—一六八二），法國巴洛克時期風景畫家。

# 《華格納事件》

## 一個音樂家的問題

## 壹

爲了正確看待這篇著作，必須先受音樂的命運所苦，有如承受開放性傷口那般痛苦——如果我受了音樂的命運所苦，我承受的是什麼痛苦呢？我痛苦的是音樂失去了它美化世界以及對凡事說「好」的特色——它成了頹廢的音樂，而不再是酒神狄奧尼修斯的笛子……

但是，假如有人把音樂的事情看成是自己的事情、看成是自己的苦難史，就會發現這篇著作其實非常溫柔，而且顧及了許多事情。在這種情況下，還可以保持心情愉快，還可以善良地連同自己一起吐槽——用ridendo dicere severum（譯註：笑著說正經事）對抗各種verem dicere（譯註：說眞理）的強詞奪理——這就是人道精神。我都已經是天生的老炮兵了，到底有誰還會懷疑我有沒有把握對華格納架起重炮？——我曾抑制這件事情的所有關鍵，——我曾愛過華格納——畢竟，攻擊其他人不容易猜到的高級「無名氏」才是我的道路與使命的意義——唉，除了音樂界的卡格里歐斯多[1]以外，我還得去揭發其他的「無名氏」——不過，我攻擊的對象比較多是德意志民族，他們在精神方面變得愈來愈懶惰、愈來愈缺乏本能、愈來愈誠實，他們繼續著令人嫉妒的胃口，從各種矛盾中獲得養分，「信

1 譯註：Alessandro Cagliostro（一七四三—一七九五），假名爲Giuseppe Balsamo，義大利著名的江湖術士。

仰」和科學性、「基督之愛」和反猶主義、（帝國）權力的意志和謙卑人的福音，他們把這些統統吞了下去，而且還不會消化不良……

矛盾之間缺乏黨派之爭！中立與「無私」的胃口！這就是德國口味的公正意識，賦予世間萬物一樣的權利，——覺得萬物都是美味的……

無庸置疑，德國人都是理想主義者……

我上一次去德國的時候，發現德國品味正在努力賦予華格納和《謝金根的喇叭手》[2]同樣的權利；我本人親身見證，爲了向一位最眞實、最德意志的音樂家致敬，而且這裡的「德意志」指的還是這個字的古老意義，不光只是德意志帝國而已，爲了向海因里希・舒茲大師致敬，萊比錫成立了一個李斯特協會，目的在於維護並且推廣奸詐的教堂音樂……

無庸置疑，德國人都是理想主義者……

## 貳

但是，沒有任何東西可以阻止我粗魯地對德國人說一些強硬的眞理：不然還有誰會做這

2 譯註：Der Trompeter von Säckingen，十九世紀德意志詩人薛佛（Joseph Victor von Scheffel，一八二六—一八八六）的詩作。

件事？——我要談的是他們在歷史方面的不守規矩。德國的歷史學家不只完全對文化進程與對文化價值失去宏觀視野，而且他們還全都是政治（或是教會——）的丑角：他們甚至還把宏觀視野革出社會。必須先是「德意志」、先是「種族」，然後才能在歷史方面決定什麼有價值、什麼沒有價值——還對此制定規則……

「德意志」是個理由，「德國，德國，高過一切」[3]是個原則，在歷史上，日耳曼人是「世界倫理道德的秩序」；相較於羅馬帝國，他們是自由的載體，相較於十八世紀，他們是道德的恢復者、「定言令式」的恢復者……

現在有一種德意志帝國的歷史書寫，恐怕甚至會有一種反猶太人的歷史書寫，——還有一種宮廷的歷史書寫，而且特萊趣克先生還恬不知恥……

最近，在歷史方面有一樁白痴評判，來自還好已經去世了的施瓦本美學家費雪[4]，他的一句話被當作「眞理」流傳在德國各大報章雜誌上，德國人肯定都會對它點頭稱是：「文藝復興與宗教改革，這兩件事情加在一起才算是一個整體——美學的再生與倫理道德的再生。」——讀到這種句子，我的耐心就用完了，而且我感覺自己蠢蠢欲動，覺得自己有義務

---

3 譯註：《德意志之歌》（一八四一）的副歌歌詞。

4 譯註：Friedrich Theodor Vischer（一八〇七—一八八七），德意志文學研究者與美學家。

要對德國人說說他們到底做錯了什麼事。四個世紀以來，所有重大的文化犯罪都是他們做的！……

而且永遠都出自同一個理由，出自他們的內在不敢面對現實世界，同樣也不敢面對眞理，出自他們的說謊成性已經化爲本能，出自「理想主義」……

高尙的價値、對生命點頭說「好」的價値、保障未來的價値，德國人用這些價値的高等秩序戰勝並取代了互相對立的墮落價値——還直取在那裡坐著不動的人的本能！在這一瞬間，德國人奪去了歐洲的成果，奪去了最後一個偉大時代、也就是文藝復興時代的意義。在基督教輸了的那一瞬間，馬丁・路德這位給人間帶來厄運的僧侶又重新恢復了教會，比這還要慘上千百倍的是，他還重新恢復了基督教……

基督教，否定生命的意志變成了宗教！……

路德是一位沒有任何可能的僧侶，由於他的「不可能」，他攻擊了教會，——然後！——又重新建立教會……

天主教徒應該有理由慶祝馬丁・路德節、創作以馬丁・路德爲主題的戲劇……

路德——還有「倫理道德的再生」！心理學都去死吧！——無庸置疑，德國人都是理想主義者。——德國人明明好不容易靠著莫大的勇氣戰勝自我，獲得了正直、清楚、以及全然科學的思考方式，結果兩次都知道怎麼走小路回到舊「理想」，讓眞理與「理想」達成和解，並且找說詞徹底說明自己有拒絕科學的權利、有說謊的權利。萊布尼茲[5]和康德——這兩位是歐洲知識正義的最大阻礙！——在兩個頹廢世紀的橋接之處，好不容易出現了一股天才與意志的不可抗力，強大到足以統合歐洲，實現政治與經濟的統一，最終目的在於統治這個世界，結果德國人又用「自由戰爭」[6]奪去了歐洲的意義，奪去了彰顯在拿破崙身上的奇蹟，——所以他們要爲隨後發生的、現今的一切負責，也就是民族主義，有史以來最反文化的疾病與非理性，歐洲罹患的民族精神官能症使得歐洲小國林立與微小政治化爲永恆：他們自己奪去了歐洲的意義，奪去了它的理性——他們把歐洲帶進死胡同裡。——除了我以外，還有誰知道怎麼走出這個死胡同？……

這個使命日以強大到把各個民族重新連結在一起嗎？……

## 參

——現在，我何不來說說我心中的懷疑呢？對於我正在做的事情，德國人一定也會盡其

5 譯註：Gottfried Wilhelm Leibniz（一六四六—一七一六），德意志哲學家與數學家。

6 譯註：指一八一三—一八一五年反拿破崙的「解放戰爭」。

所能地試圖讓一場巨大的命運只誕下一隻老鼠。但是他們到目前爲止都在我面前出糗，我很懷疑他們之後有沒有辦法做得更好。——哎呀，我幹嘛要當差勁的先知！……

我天生的讀者和聽眾目前已經有俄羅斯人、斯堪地那維亞人、以及法國人，——之後會愈來愈多嗎？——在知識史的記載中，德國人的名聲一直都很曖昧，他們向來只產出「無意識」的異端分子（——這個詞很適合費希特[7]、謝林[8]、叔本華、黑格爾、施萊爾馬赫[9]，康德、萊布尼茲也是一樣，這些人全都只是施萊爾馬赫（譯註：字義爲「製造面紗的人」）——）：他們永遠都不該有資格把思想史上第一個正直的精神與德意志精神混爲一談，因爲那個精神正是眞理用來控訴四千年來的異端邪說的精神。「德意志精神」是我的髒空氣：德國人的每一句話和每一個神精都透露出心理方面的骯髒成性，我很難在這種人附近呼吸。他們從來不曾像法國人一樣經歷過一個嚴格自我考察的十七世紀，在正義方面，拉・羅希福可[10]和笛卡兒[11]都勝過首屈一指的德國人好幾百倍，——德國人迄今爲止不曾

7 譯註：Johann Gottlieb Fichte（一七六二—一八一四），德意志哲學家。
8 譯註：Friedrich Wilhelm Joseph Schelling（一七七五—一八五四），德意志哲學家。
9 譯註：Friedrich Schleiermacher（一七六八—一八三四），德意志神學家與哲學家。
10 譯註：François de La Rochefoucauld（一六一三—一六八〇），法國文學家。
11 譯註：René Descartes（一五六九—一六五〇），法國哲學家。

有過心理學家。但是心理學幾乎是衡量一個種族純不純淨的標準……

如果不曾純淨，又怎麼會有深度呢？人們永遠探不到德國人的底，幾乎就像探不到婦人的底一樣，因為德國人沒有底：就是這樣。但這並不表示德國人很淺。——德國的「深」，指的正是我剛才提到的骯髒成性、做賤自己：不想要了解自己。我有可能不會建議把「德意志」這個字當作這種心理墮落的國際代名詞嗎？——例如：德意志皇帝在這個時候把解放非洲奴隸稱爲他的「基督徒義務」：在我們這些其他的歐洲人之間，這個就叫作「德意志」……

德國人曾經出版過任何一本具有深度的書嗎？他們甚至連一本書的深度是什麼都沒有概念。我曾經認識幾個認爲康德是很有深度的學者；普魯士的宮廷裡恐怕會有人認爲特萊趣克很有深度。每當我偶爾稱讚司湯達是有深度的心理學家時，總是會遇到德國大學教授問我司湯達的名字怎麼拼……

## 肆

——我爲什麼不把話一次說完呢？我喜歡把事情算得清清楚楚。我的抱負之一，就是要被視爲是最蔑視德國人的人。我在二十六歲的時候就已經表態自己不信任德國人的性格了（《不合時宜的》第三篇，頁七十一）——德國人對我來說就是不可能。如果要我想出一種會違背我所有本能的人類，我怎麼想都只想到德國人。我「考察」一個人的第一個標準是這個人對距離有沒有切身的感受，這個人是不是到哪裡都看得見人與人之間的等次、程度、級別，還有這個人是否出眾：人會因此而高貴；否則便無藥可醫，比慷慨大方的人士還不如，哎呀！對於無賴來說，這是多麼好心的概念啊。但是德國人都是無賴——哎呀！他們都很好心……

與德國人來往是在做賤自己：德國人把一切視為平等……

如果我去清算自己與所有藝術家的來往、尤其是與華格納的來往，那我還眞的不曾和德國人度過任何美好時光……

假如數千年來最高深莫測的精神可能出現在德國人之中，那麼連任何一隻卡比托利歐山上的拯救者[12]都會以爲自己非常不美麗的靈魂至少也可以列入考慮……

我受不了這個種族，和這些人在一起永遠不會有什麼好交集，他們沒有細膩的工夫——我苦啊！我是個細膩的人——，這些人的腳也沒有半點機靈，不曾走得了路……

畢竟德國人連腳都沒有，他們只有腿……

12 譯註：Retterin des Capitols，卡比托利歐山爲羅馬七座山丘之一，是古羅馬的宗教中心，傳說朱庇特神廟的聖鵝曾經拯救羅馬城免於高盧人的進攻。

德國人完全沒有概念自己有多麼下流，但這就是最極致的下流，——他們不曾對於自己只是德國人這件事感到羞愧……

他們什麼議題都要搭話，認爲自己具有關鍵性，恐怕還擅自對我做了決定……——我的一生就是這幾句話的無情證明。我找不到任何跡象顯示德國人有手腕和敏銳可以對付我。猶太人有，但德國人還不曾有過。我的天性要求我溫柔善待每一個人——我有權利對人不加以區分——：這並不妨礙我睜亮雙眼。我不會把任何人當作例外，尤其是我的朋友，——畢竟我不希望這件事中斷我對他們的人道精神！有五、六件事情是我始終認爲義不容辭的事。——儘管如此，我也是眞的覺得這些年寄給我的每一封信幾乎都是犬儒主義：別人對我的好意比任何一種恨意都還要犬儒……

我要當著每一位朋友的面把話說清楚，他們從來就不認爲我的哪一篇著作有值得鑽研的價值；從最不明顯的跡象也猜得出來，他們從來就不曉得我的著作裡面有什麼東西。甚至連我的《查拉圖斯特拉》也是一樣，除了無傷大雅的狂妄自大以外，有哪位朋友曾經在這部作品裡面看到其他的東西？……

十年了：我的名字被掩蓋在荒謬的沉默底下，不曾有德國人爲我加以辯駁，也不曾有人因此感到問心有愧：第一個出來爲我說話的是一位外國人，丹麥人，他有足夠細膩精緻的本能與勇氣，對所謂的我的朋友們感到十分憤恨……

去年春天，葛歐格・布蘭德博士[13]在哥本哈根開講座課講授我的哲學，他也再次證明自己是一位心理學家，現在有哪間德國大學可能這麼做？——我本人不曾因此而感到痛苦；必然的事情是傷不了我的；對命運的愛是我最內在的天性。但這並不代表我不愛諷刺、甚至是屬世的諷刺。大約在兩年前，重新評價的雷擊摧毀一切、並且讓這個世界癲癇發作時候，我就是這樣把《華格納事件》帶到這個世界上的：德國人理應會再來加害於我，以便讓自己化為不朽！正好還有時間！——達成了嗎？——眞是讓人欣喜若狂啊，日耳曼先生們！我眞的很佩服諸位……

我的朋友們也沒有缺席，剛才還有一位女性老友寫信給我，說她正在嘲笑我……

而且，收到她的信的這一刻，正好是無法言喻的重責大任壓在我身上的時候，——對於這一刻的我，任何話語都不夠溫柔，任何目光都不足以表達敬畏。因為我正肩負著全體人類的命運。——

13 譯註：Georg Brandes（一八四二—一九二七），丹麥文學評論家與哲學家。

# 爲什麼我是一種命運

## 壹

我知道自己的命運。總有一天，我的名字會和回憶連結在一起，使人回想起某件大事，——回想起前所未有的一場重大危機，回想起最深沉的良心衝突，回想起一個決定，反對大家迄今爲止所信仰、所要求、並且視爲神聖的一切。我不是人，我是炸藥。——而這一切並不表示我身上帶有任何宗教創始人的屬性——宗教是愚民在做的事情，和宗教人士接觸過後，我都必須把手洗乾淨……

我不想要有「信眾」，我想自己太過邪惡了，所以不會有人相信我本人，我也不曾對群眾說過話……

我心中有個嚇人的恐懼，害怕別人哪一天就把我封聖了：大家一定猜得出來，我之所以要事先出版這本書，就是爲了防止別人對我胡作非爲……

我不想成爲聖人，我寧願自己是個插科打諢的丑角……

也許我就是一個丑角……

儘管如此，或者並非儘管如此——因爲到目前爲止，沒有人比聖人更愛說謊了——儘管如此，我還是講出了眞理。——但是我的眞理很可怕：因爲人們到現在還是把謊言稱爲眞理。——重新評價所有的評價：我用這個措詞來稱呼人類至高無上的自覺行動，而這個行動已經化成了我的肉身與天才。我的命運要求我必須成爲史上第一個正派人士，要知道自己不同於數千年以來的謊言……

我是第一個發現眞理的人，所以我也是第一個察覺——嗅出——謊言是謊言的人……

我的天才就在於我的鼻孔……

我提出了前所未有的反對，儘管如此，我還是不同於對凡事都說「不」的精神。我是前所未有的快樂信差，我知道自己的使命高出了人們所能理解的範圍；從我開始，才又有了希望。儘管如此，我也必定是個帶來災禍之人。因爲，如果眞理和數千年以來的謊言開戰，我們一定會受到震撼，地震的抽搐，高山與低谷產生位移，這些都是以前做夢也想不到的。政治這個概念會完全化爲一場神鬼之戰，舊社會的權力產物全部都會被炸掉——因爲它們全都奠基在謊言之上：前所未有的戰爭即將出現。從我開始，世界上才有了大政治。——

## 貳

大家想找一個措詞來稱呼化為人形的這種命運嗎？——它就寫在我的《查拉圖斯特拉》裡。

——如果有人想要當個軟硬兼施的創世神，就必須先化身毀滅，然後摧毀價值。

也就是說，至高無上的邪惡也是一種至高無上的善良：但是至高無上的善良是具有創造性的。

我是有史以來最可怕的人；這並不表示我不是最會做好事的人。在一定程度上，我知道什麼是毀滅的樂趣，它也符合我的毀滅力量，——無論是樂趣還是力量，我都聽從自己酒神的天性，不知道對凡事都說「不」和對凡事都說「好」的區別。我是有史以來第一個不道德主義者：因此我也是最棒的毀滅者。——

## 參

大家沒有問過我，大家應該要問我，查拉圖斯特拉的名字在我的口中、在有史以來第一個不道德主義者的口中到底有什麼意涵：這位波斯人之所以在歷史上那麼獨一無二，原因和我說的完全不一樣。查拉圖斯特拉首先在善與惡的交戰中看見了驅動萬物的眞正齒輪，——然後把道德轉換成形而上，作爲力量、原因、目的自身，這是他的功勞。但是，這個問題其實就是答案了。查拉圖斯特拉創造了這個充滿災難與不幸的錯誤，也就是道德：因此他也必定是史上第一個認識到這個錯誤的人。不只是因爲他比任何一位思想家都有更多、更久的經驗——畢竟整部歷史就是一場實驗性的反駁，反駁所謂的「世界的倫理道德秩序」——：更重要的是，查拉圖斯特拉比任何一位思想家都更眞誠。他的學說把眞誠當作最高的美德，而且也只有他的學說這麼做——也就是說，完全不同於「理想主義者」逃避現實世界的怯懦，查拉圖斯特拉擁有的勇氣比所有思想家加起來還要多。說出眞理，並且命中靶心，這就是波斯人的美德。——大家懂我在說什麼嗎？……

出於眞誠，道德戰勝了自我，道德主義者將自己轉向相反的立場——轉向我——而這就是我口中查拉圖斯特拉的名字所代表的意義。

## 肆

其實，我所謂的不道德主義者包含了兩種否定。其一，我否定了迄今仍被視爲至高無上的那種人，好人、存好心的人、做好事的人；其二，我否定了因爲被視爲道德本身而統治著他人的那種道德，——頹廢派的道德，說得具體一點，就是基督教道德。也許可以把第二個否定看作是更關鍵的否定，因爲對我而言，高估良善與好意大抵上就已經是頹廢的結果了，它是虛弱的症狀，不相容於向上提升並對凡事都說「好」的生命：要有能力說「好」，條件是否定與毀滅。——我先來談一下好人的心理學。要評估一種人有什麼價値，必須核算撫養他所需要的花費，——必須知道他的生存條件是什麼。好人的生存條件是謊言——：換句話說，無論付出任何代價，他都不願意看清現實世界的情況，不願意看清現實世界之所以會這樣，不是為了隨時挑釁好意的本能，更不是爲了隨時容忍短視近利的善意對自己進行干涉。把各種緊急情況都視爲反駁、視爲必須廢除的東西，這是最大的愚昧，大抵來說，這種愚昧會招來眞正的不幸、愚蠢的命運——，這種愚蠢的程度堪比想要廢除壞天氣的打算——比如因爲同情貧窮人的緣故……

在整體大經濟裡面，現實世界的可怕（情緒、慾望、權力意志）比那種所謂「良善」的小確幸更具必要性，而且必要的程度無法估算；人們甚至必須睜一隻眼閉一隻眼，才能賜給良善一個位置，因爲良善的條件就是說謊成性的本能。我將會有一個很大的機會可以證明樂觀主義是homines optimi（譯註：最好的人）產下的畸形兒，它會對整個歷史造成極度駭人的後果。樂觀主義和悲觀主義一樣都是頹廢派，搞不好還比悲觀主義更有害，而第一個懂得這個道理的人就是查拉圖斯特拉，他說：好人從來不講真理。好人教給你們的都是虛假的安全，騙你們上岸，你們出生在好人的謊言裡，也被強褓在好人的謊言裡面。好人說的一切都是徹底的謊言與徹底的扭曲。還好這個世界並不是建立在本能之上，所以善良的群居動物可以在裡面找到自己狹隘的幸福；要求所有人都要當「好人」、群居動物、藍眼睛、存好心、「美麗的靈魂」——或者，像赫伯特•史賓瑟先生[1]要求的那樣，應該要當個利

1 譯註：Herbert Spencer（一八二〇—一九〇三），英國哲學家與社會學家。

他的人，這等於在剝奪存在的偉大特性，等於將人類閹割，讓他們降為可憐巴巴的支那性格。——而且還有人試過要這麼做！……

這正是人們所謂的道德……

在這層意義上，查拉圖斯特拉一下把好人稱為「最後的人類」，一下稱為「結束的開始」；他尤其覺得好人是最容易造成危害的一種人，因為他們在貫徹自己的存在的時候，犧牲了真理，也犧牲了未來。

好人——他們沒辦法創造，他們永遠都是結束的開始——

——有人把新的價值寫在板上，他們就把那個人釘十字架，他們把未來獻祭給自己，他們把所有人類的未來都釘十字架！

好人——他們永遠都是結束的開始……

無論世界的誹謗者造成什麼樣的傷害，好人的傷害永遠都是最傷的傷害。

## 伍

查拉圖斯特拉是第一個研究好人的心理學家，——因此——他是壞人的朋友。如果頹廢派爬到了至高無上的地位，這只有可能是犧牲掉相反之人的結果，也就是強大、對生命很有把握的那種人。如果群居動物在純粹的美德裡發光發亮，那麼大家肯定會把例外之人貶低成壞人。如果謊言無論如何都要別人視它爲「眞理」，那麼大家肯定只有在最差勁的名聲之中才找得到眞正的眞實。在這方面，查拉圖斯特拉沒留下讓人疑惑的空間：他說，正是因爲他知道什麼是好人、「最好的人」，所以他才對人類感到恐懼；出自於這種反感，他長出了翅膀，「飄向遙遠的未來」，——他毫不隱瞞，屬於他的那種人相對是超人，正是因爲有好人作爲比較，所以他們才會是超人，好人和正直的人一定會把他的超人稱爲魔鬼……

你們這些至高無上的人，這是我對你們的懷疑和暗地裡的嘲笑：我猜，你們會把我的超人——稱爲魔鬼！

你們的靈魂讓偉大的人覺得很陌生，所以超人的好意才會讓你們覺得很可怕……

人們必須馬上開始行動，才能理解查拉圖斯特拉要的是什麼：查拉圖斯特拉構想出來的這種人把現實世界設計得和他們一樣：他們強大到足以這麼做——，對於現實世界而言，他們既不疏遠、也沒有脫離，他們就是現實世界本身，他們的體內也帶著所有現實世界中可怕與可疑的東西，只有如此，人類才得以偉大……

## 陸

——但我也曾經選擇「非道德主義者」這個字的另一個意思來彰顯和榮耀我自己；我很驕傲自己擁有這個字，得以因此與全人類有所區別。還不曾有人覺得基督教道德配不上自己：要能做到這種境界，必須先要有高度、有遠見、要在心理學方面有前所未聞的高深造詣。到目前爲止，基督教道德都是所有思想家的瑟西女巫，——他們全都服膺於她的麾下。——洞穴裡冒出理想的毒氣——誹謗屬世的一切！——在我以先，有誰曾爬進過這些洞穴？有誰曾大膽地想過這些居然會是洞穴？在我以先，又有誰是哲學家之中的心理學家，而不是反過來變成「高級騙子」、「理想主義者」？在我以先，還不曾有過任何的心理學。——在這個領域當第一個人，這可能會是一種詛咒，但無論如何，這都是一種命運：因為一個領域的第一個人也會是第一個鄙視其他人的人……

我的危險就在於我對人類感到噁心……

## 柒

有人懂我嗎？——我之所以會被隔離在外，之所以會被排除在其他人的邊緣，就是因爲我揭穿了基督教的道德。所以我才需要說一句話，而這也有向每個人發出挑戰的意思。對我來說，人類最不潔淨的行爲，就是沒有先張開眼睛，我認爲這是對自己說謊成性，貫徹自己不去看任何事件、任何因果、任何眞實情況的意志，這是心理學方面的異端邪說，而且已經到了犯罪的地步。對基督教的盲目信仰就是最大的犯罪行為——干犯生命的罪……

幾千年的歲月、各個民族、起先與末後的、哲學家、以及老女人們——除了五、六個歷史上的片刻以及我這個第七片刻——他們在這一方面全都彼此配得。到目前爲止，基督徒都是「道德生物」，無與倫比的怪東西——而且就連最鄙視人類的人，他的夢境都比不上基督徒作爲「道德生物」的荒謬、愛說謊、虛榮、輕浮、對自己不利。基督教的道德——惡性重大的說謊意志，人類眞正的瑟西女巫：這就是基督教的道德造成的敗壞。眼前嚇到我的不是作爲錯誤的錯誤，不是他們在得勝的過程中透露出自己數千年來都缺乏「善良的意志」、管教、禮貌、以及精神方面的勇氣：——而是他們缺乏自然，最駭人的事實是，反自然本身獲得了至高無上的尊榮，作爲道德、作爲法規、作爲定言令式，並且加諸在眾人身上！……

他們教導人要鄙視生命最初的本能；揑造出「靈魂」與「精神」，好用來摧毀肉體；他們教導人要察覺隱藏在生命前提裡的不潔、也就是隱藏在性關係裡的不潔；無論是一個人健全發展所需的深層需求，還是一個人嚴格執行的自私自利（——這個字就已經夠誹謗了！——），他們都要人找出隱藏在其中的邪惡原則；他們教導人要反過頭來尋求典型的墮落、矛盾的本能、「無私」、失去重力、「去人格化」、「博愛」（——博慾！），要在裡面看見更高的價值，我在說什麼！他們要人在裡面看見的是價值的真身！……

到底！人類會自己變成頹廢派嗎？他們會永遠都是頹廢派嗎？——確定的是，他們之所以如此，只是因爲有人把頹廢的價值當作至高無上的價值教導給他們。除去自我的道德就是最墮落的道德，「我毀了」，用命令式的說法來翻譯這個事實，那就是：「你們全都該毀了」——而且這句話還不只被翻譯成命令式！……

這是迄今爲止唯一被教導的道德，除去自我的道德，這種道德透露出結束的意志，徹徹底底地否定了生命。——不過還是有一種可能，搞不好退化的不是人類，而是只有那種專門寄生在人類身上的人，也就是教士們，他們透過道德把自己提升成制定價值的人，——他們在基督教的道德裡猜到了通往權力的方法……

事實上，這是我的見識：教師、人類的領導者、所有的神學家，這些人也全都是頹廢派：所以他們把所有的價值重新評價成敵視生命的價值，所以就有了道德……

道德的定義：道德——頹廢派的過敏體質，帶著報復生命的目的——而且還成功了。我很看重這個定義。——

## 捌

——有人懂我嗎？——我說過的話，沒有一句不是五年前就已經透過查拉圖斯特拉的口說過的。——揭穿基督教的道德是一場無與倫比的大事、一場眞正的災難。如果有人將它的眞相公諸於世，那麼這個人就會是一種不可抗力、一種命運，——他把人類的歷史分成兩半。在他之前的，在他之後的……

眞理的閃電擊中的正是迄今站在至高無上地位的一切：如果有人理解被摧毀的是什麼，那他應該要看一下手中是否還剩下什麼東西。迄今爲止被稱爲「眞理」的那一切，都被發現是最有害、最陰險、最地下形式的謊言；神聖的藉口說要「改善」人類，其實都是用來吸乾生命本身、使其貧血的詭計。道德其實就是吸血鬼主義……

誰揭發了道德，就一併揭穿了所有價值的沒有價值，無論是現在相信的還是曾經相信過的；就再也看不到倍受尊敬、甚至被封聖的那些人心裡有什麼值得尊敬的地方，反而在他們心裡看見那些充滿災難的畸胎，之所以充滿災難，是因爲那些人很有吸引力……

發明「上帝」這個概念，是爲了用來當作生命的相反概念，——集合了一切有毒、有害、有誹謗的東西，與生命不共戴天！發明「來生」、「眞正的世界」這個概念，爲的是讓唯一存在的世界失去價值，——爲的是不讓我們屬世的現實世界殘留任何目標、道理、使命！「靈魂」、「精神」、甚至到最後還有「不朽的靈魂」，發明這些概念是爲了鄙視肉體，爲了讓它生病——爲了讓它變得「神聖」——，爲了用駭人的輕率對付生命中所有必須被認眞對待的東西，對付飲食、居所、精神食糧、疾病治療、清潔、天氣等等問題！不談健康，反而去談「靈魂的救贖」——也就是說，在懺悔的痙攣與救贖的歇斯底里之間循環性精神失常。發明「罪」的概念，連同相關的刑求工具，也就是「自由精神」的概念，爲的是擾亂本能，爲的是把對本能的不信任變成第二天性！受到有害事物的誘惑、無法再找到自己的用處、自我毀滅，這些眞正的頹廢徵兆全都在「無私」與「否定自我」的概念裡面變成了有價票券，變成了「義務」、「神聖」、人類內在的「神性」！最後——最可怕的是——「好人」的概念代表著弱小、有病、失敗、受自己所苦，代表著所有應該要被毀滅的一切——，物競天擇的法則被釘十字架，理想則源自反對驕傲與成功的人、反對點頭說「好」的人、反對對未來有把握並保障著未來的人——這種人現在都被叫做惡人……

而這一切，居然都被當成道德來信仰！——粉碎無恥之徒[2]！——

# 玖

——有人懂我嗎？——酒神狄奧尼修斯vs.被釘十架的……

2 譯註：Ecrasez l infâme!，引用自伏爾泰。一七五九至一七六八年間，伏爾泰習慣用這句話爲他所寫的信做結尾，攻擊的對象則是天主教徒。

# 尼采年表

| 年代 | 生平紀事 |
| --- | --- |
| 一八四四年十月十五日 | 出生於普魯士洛肯（Röcken） |
| 一八四九年 | 父親去世 |
| 一八五〇年 | 舉家搬遷至瑙姆堡 |
| 一八五八年～一八六四年 | 就讀佛塔學校 |
| 一八六〇年～一八六三年 | 成立文學社「日耳曼」 |
| 一八六四年～一八六五年 | 波昂大學修讀語文學與神學 |
| 一八六五年～一八六七年 | 萊比錫大學修讀語文學，師從里奇 |
| 一八六七年～一八六八年 | 在瑙姆堡從軍 |
| 一八六八年～一八六九年 | 居住於萊比錫；六十八年秋天結識華格納 |
| 一八六九年～一八七九年 | 任教於瑞士的巴塞爾大學 |
| 一八六九年 | 演說「荷馬與古典語文學」 |
| 一八六九年～一八七二年 | 至特里布峋拜訪華格納 |
| 一八七〇年八～十月 | 自願擔任軍護支援前線 |
| 一八七五年 | 結識加斯特 |
| 一八七二年 | 出版第一本書《悲劇的誕生》 |

| | |
|---|---|
| 一八七三年 | 出版《不合時宜的》I & II |
| 一八七四年 | 出版《不合時宜的》III |
| 一八七五年～一八七六年 | 出版《不合時宜的》IV；結識保羅・雷 |
| 一八七六年八月 | 第一屆拜魯特音樂節 |
| 一八七六年～一八七七年 | 休假一年；前往蘇連多 |
| 一八七八年 | 出版《人性，太過人性的》I；與華格納絕交 |
| 一八七九年 | 五月因病辭去巴塞爾大學教職；出版《人性，太過人性的》II |
| 一八七九年～一八八九年 | 自由哲學家 |
| 一八八〇年 | 出版《華格納與他的影子》；《人性，太過人性的》III |
| 一八八一年 | 出版《晨曦》 |
| 一八八二年 | 出版《快樂的科學》；結識莎樂美 |
| 一八八三年 | 二月華格納去世；出版《查拉圖斯特拉如是說》I & II |
| 一八八四年 | 出版《查拉圖斯特拉如是說》III；史坦到錫爾斯瑪利亞拜訪尼采 |
| 一八八五年 | 出版《查拉圖斯特拉如是說》IV |
| 一八八六年 | 出版《善與惡的彼岸》 |
| 一八八七年 | 出版《道德的譜系》 |

| | |
|---|---|
| 一八八八年 | 布蘭德爾在哥本哈根大學開設講座課《關於德國哲學家尼采》；出版《華格納事件》、《酒神頌歌》、《敵基督》、《瞧，這個人！尼采自傳》、《尼采反對華格納》 |
| 一八八九年 | 出版《諸神的黃昏》；於尼斯精神崩潰 |
| 一八九七年 | 母親去世；與妹妹搬往威瑪 |
| 一九〇〇年八月二十五日 | 於威瑪去世 |

**國家圖書館出版品預行編目資料**

瞧，這個人！尼采自傳 / 尼采 (Friedrich Wilhelm Nietzsche) 著：萬壹遵譯 . -- 初版 -- 臺北市：五南圖書出版股份有限公司，2021.08
面；公分
ISBN 978-986-522-934-4( 平裝 )

1. 尼采 (Nietzsche, Friedrich Wilhelm, 1844-1900)
2. 學術思想 3. 哲學

147.66 110010719

大家身影 010

# 瞧，這個人！

## 尼采自傳

Ecce homo: Wie man wird, was man ist

作　　者 —— 尼采（Friedrich Wilhelm Nietzsche）
譯　　者 —— 萬壹遵
發 行 人 —— 楊榮川
總 經 理 —— 楊士清
總 編 輯 —— 楊秀麗
副總編輯 —— 陳念祖
責任編輯 —— 李敏華
封面設計 —— 王麗娟
出 版 者 —— **五南圖書出版股份有限公司**
地　　址：台北市大安區 106 和平東路二段 339 號 4 樓
電　　話：02-27055066（代表號）
傳　　真：02-27066100
劃撥帳號：01068953
戶　　名：五南圖書出版股份有限公司
網　　址：https://www.wunan.com.tw
電子郵件：wunan@wunan.com.tw
法律顧問 —— 林勝安律師事務所　林勝安律師
出版日期 —— 2021 年 8 月初版一刷
定　　價 —— 270 元